スピリチュアル

# お祓いごはん 成就ごはん

江原啓之

マガジンハウス

〝生きることは食べること
食べることは生きること〟

# はじめに

みなさんは「お祓《はら》い」というと、護符《ごふ》やお祈りを連想するのではないでしょうか？

確かにそれもお祓いです。しかし、それらのお祓いや成就をすぐに実感するのは、なかなか難しいのではないでしょうか？　護符や祈りのお祓いや成就は、実のところパワーやポジティブな霊力が必要で、それらをいつも有していたら良いのですが、皮肉なことに人というものは弱っているときほど、パワーもポジティブな霊力も低下しやすいのです。

私は常々フィジカル（肉体）とスピリチュアル（霊体）のパワーのバランスは整っていないといけないと伝えています。なぜならば、その両面が満たされてこそ、パワーもポジティブな霊力も得られるからです。

医食同源とは言いますが、日ごろスナック菓子やカップラーメンばかり食べていたら、健康的な肉体は養われず、ポジティブなエナジーも湧きません。ですから的確な「お祓い」や「成就」のためには心と肉体を養う「ごはん」が大切なのです。

「お祓い」と「ごはん」の関わりを不思議に思う人もいることでしょう。温故知新。私たちは大切なことを忘れています。それは食の効能です。食をただ「味わうもの」とだけ考えていませんか？　古き時代より、私たちは柿は熱を冷ますなど、食材のヒーリング効果を実感していました。そして実はお祓い効果も伝えていたのです。

食べてお祓いとなれば、成就にもつながります。そして心も体も不安な時代だからこそ「お祓いごはん・成就ごはん」が必要なのだと思い、このたびみなさんにその真実をお伝えしたいと本書を書きました。みなさんの心と体に充実したパワーとポジティブな霊力が漲《みなぎ》り、前に進めるようにと、護符も用意しました。

また、私たちが生きるに大切なもうひとつのごはん。それは真理の「言霊《ことたま》」です。本書ではこれらのすべてをご用意し、みなさんを明るい未来に導きたいと祈りを込めています。

江原啓之

スピリチュアル　お祓いごはん　成就ごはん

目次

# 目次



## 1 あなたを救う「お祓いごはん」

## 護符の使い方

◎本書に掲載している護符は、切り取ってから使います。それぞれの項目で紹介している使い方を参照し、護符の線や文字を上からなぞってください。コピーは不可です。

◎護符をなぞるときは、ひとりで心落ち着ける場所、時間帯を選んでください。

◎「お祓いごはん」「成就ごはん」という食を通して心身を健やかに整え、自らのエナジーを強化してこその護符です。ただなぞったり、携帯するだけではお祓いや成就はできません。私自身が念を込めて書いた護符に、あなた自身の念をいっそう強く込め、現実的な努力をすることでパワーが発揮されることを忘れないようにしましょう。

◎「お祓い」や「成就」が叶ったと思ったら、心の中でお礼を告げ、護符をみずからでお焚《た》き上げしましょう。灰皿や皿の上で、火の元に注意しながら燃やします。残った灰は土にまきましょう。

※「やり方を間違っているのではないか」など、護符の使用方法に関して、編集部に問い合わせるのはご遠慮ください。細かいやり方にとらわれなくても大丈夫です。大事なのは「祓うぞ」「成就するぞ」という自らの強い念だということを忘れないようにしましょう。

# 1

# あなたを救う「お祓いごはん」

# 食べ物に宿るエナジーで邪気を祓う

元気になりたいなら、温かいものを食べたり、飲んだりしましょう。

幸せになりたいなら、新鮮な季節の野菜や手作りのごはんを食べましょう。

食べ物に宿ったエナジーが、あなたのオーラを輝かせます。

論より証拠。まずは今日の食事から、実践してみてください。

そのときに、2つの言霊《ことたま》を言いましょう。

「いただきます」と「ごちそうさま」です。

これらは食べ物をいただくことへの感謝の言霊。声に出すことで、音霊《おとたま》となってあなたのたましいの奥深くまでエナジーを染み渡らせます。

目の前の食べ物とすべての命への感謝が、あなたの心の栄養となって、前向きに生きる力を育むのです。


食べ物にエナジーが宿っているというのは、なんとなくあなたもイメージできるのではないでしょうか。

もちろん栄養素やカロリーという数値で表されるエナジーもありますが、目に見えないスピリチュアルなエナジーもあります。それが生命のエナジーと天のエナジー。美しいオーラを放ち、元気に生きるためには、肉体にも、たましいにも天のエナジーを注入することが必須です。

パワーフードという言葉を聞いたことはありませんか？

パワーフードとは、太陽や大地、水、海などのエナジーがそれ自体に宿っている食材のこと。自然の恵みを受けて育った米や野菜、豊かな海で育まれた貝や海藻などは、まさしくパワーフードです。

例えば大根やごぼうなど、大地に根付き、栄養を蓄える根菜類は根強く生きるパワーがありますし、貝など海でとれる食材は、浄化のパワーも持っています。これらはいわば天のエナジーが満ちた食材。とくに米や豆、貝など、胎児のような形をした食べ物はギュッとエナジーが詰まった、とてもパワーの強い食材です。

こうした食べ物をいただくことで、私たちは天のエナジーを取り入れることができるのです。

海や山でとれたものを、よく天地の恵みと言いますね。日本人は古くから、「その恵みは天地の神様のおかげでいただけるものだ」と、感謝しながら食べていました。お正月や秋のお祭りで、神様に山海の幸を供えるのは、「お陰様でこんなに素晴らしいものを収穫することができました」という感謝の表れです。

幸せになるために必要なのは、あなたのなかに神様を宿すこと。といっても難しくはありません。神様のエナジーと命が宿った食べ物を食べることで、私たちは自らのたましいと体に神霊を宿すことができます。

食べ物は命。天のエナジーに満ちた食べ物には、神様が宿っているからです。

一方、スピリチュアルフードというものもあります。これは、お供《そな》え物などスピリチュアルな祈りの込められた食べ物のこと。神社などで神前にお供えするお米や野菜などを神饌《しんせん》と言いますが、これはスピリチュアルフード。また、キリスト教のミサのときにはパンが配られますが、これもスピリチュアルフードです。

神社ではお祭りのあとなどに、神前に供えた食べ物（神饌）を参列者がいただく直《なお》会《らい》という儀式があります。

古くから、神様にお供えしたものには神様の気、神気が宿っていると考えられていました。直会は単なる食事会ではなく、神様からのいただきものに感謝し、神気の宿ったものを人が食べることで神様と人が一体となる神事なのです。

天地の恵みであるパワーフードであれ、祈りが込められたスピリチュアルフードであれ、神様からのいただきもの、天の糧《かて》であることに変わりはありません。神様からいただいているものなのですから、私たちの毎日の食事は、感謝の気持ちを表す直会と同じ。そう思うと自然に「いただきます」「ごちそうさま」と言えるでしょう。

あなたはすでに毎日の食事で、食べ物に宿った天のエナジーをいただいています。良きエナジーが宿っているものを食べ、良きエナジーを自らで満タンに蓄えていれば、ちょっとやそっとの邪気など自分ですぐに祓《はら》えるくらいのパワーを持てます。免疫力を上げて病気に負けない体にするのと同じように、日々の健やかな食事が、自らを浄《きよ》め、健やかな体とたましいを育むからです。それが「お祓いごはん」の極意！

では、早速「お祓いごはん」の実践です。お祓いの念を強める護符も紹介します。

# 実践！あなたを護る「お祓いごはん」

**食べて邪気祓い！　ネガティブな気持ちや状況を打破！**
**「お祓いごはん」があなたを護《まも》ります。**
**お風呂に入って汗を出すなど、外からの熱で**
**体を温める方法もお祓いには効果的です。**

**《お祓いごはんのポイント》**

パワーフードに加え、香りの強いもの、ピリッと刺激のあるもの、発汗作用のあるものを食材として選びましょう。にんにく、しょうが、みょうが、唐辛子、辛み大根、ネギなどを薬味として、ふだんの食事に添えるだけでもＯＫです。次ページからはそれぞれのケースに、とくにおすすめのお祓いフードと、それらを使った参考メニューも紹介しています。もちろんそれらは参考例ですので、自分で自由にメニューをアレンジしてごはんを楽しみましょう。「お祓いごはん」で心身を整えたあと、心丈夫に過ごすための護符も使いましょう。

Case 1

# 嫌な気を感じるとき

自分で気づかぬうちに誰かの恨みをかった。人から妬まれている。何となく嫌な気を感じて落ち着かないときはビクビクしないことが大事。食でお祓いしたら護符の力も借りて念をいっそう強めましょう。

**お祓いフード▼** にんにく・唐辛子・ネギ・スパイス・シーフード

**ポイント▼** 体温を上げる温かいものやスパイシーなものを積極的にとって、しっかり腹くくり! 辛くなくても香り豊かであればお祓い効果はバッチリ。浄化パワーのある海で育った魚介類は積極的に取り入れて。パワーフードの米が原料の酒は、隠し味程度でもパワーを発揮します。また根菜類を具材としてたくさん使うなどして体を温めるのもお祓いになります。**参考例** ペペロンチーノ/アサリとネギの酒蒸し/カレー

## 護符の使い方

丹田に力を入れ、護りのパワーが内側から湧いてくるイメージを抱くようにして護符の線をなぞってください。そして「お祓いごはん」を食べたあとに護符を見ながら「負けないぞ」「大丈夫！」と声に出し念じましょう。嫌な気を感じやすいと自覚している場合は、護符を常に携帯しましょう。また実際に感じたときは、そっとお手洗いなどに移動し、自分の手で自分の背中を〝バンバン！〟と叩いてください。護符＋自らの行動が、いっそうお祓いパワーを強めます。

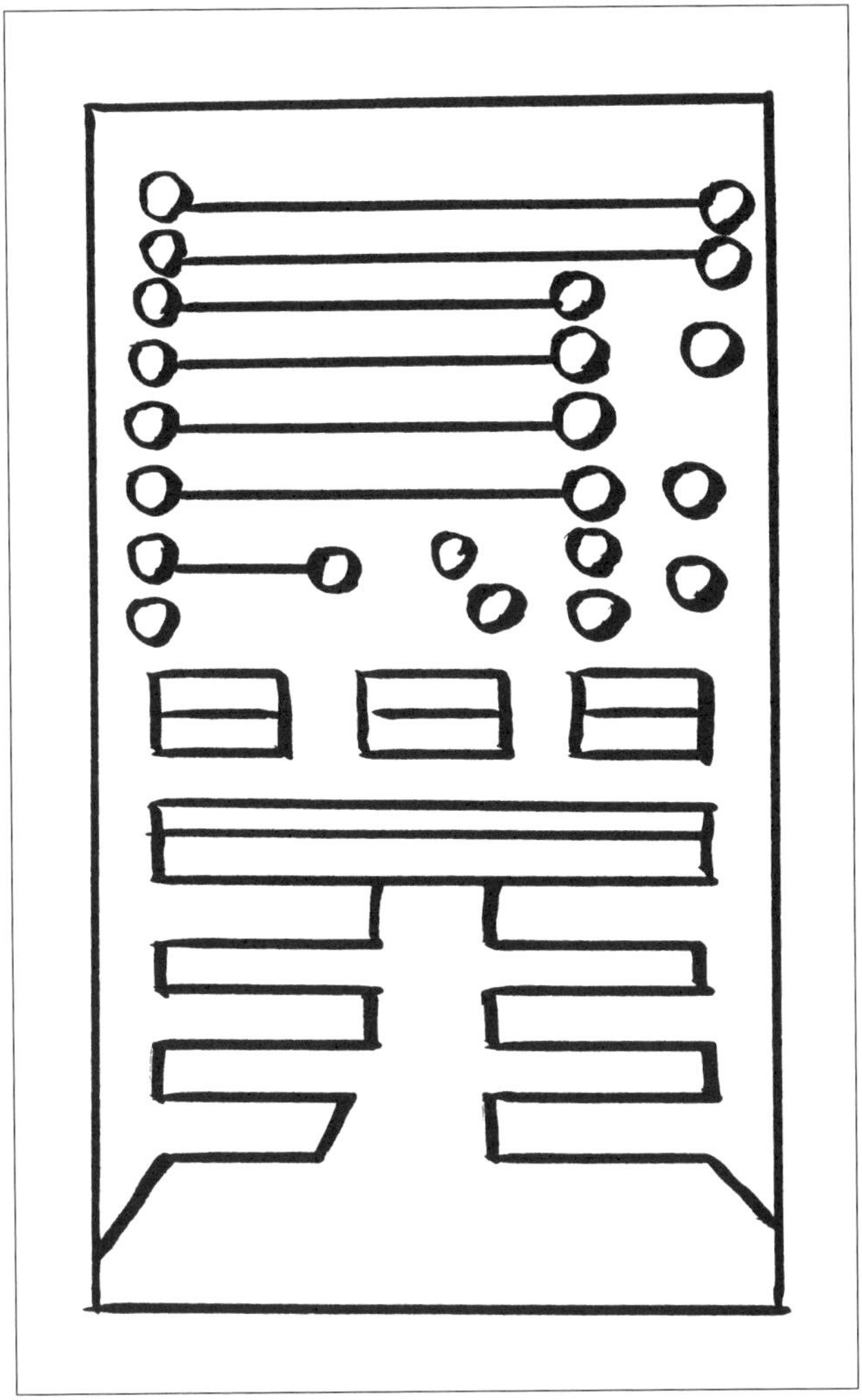

Case 2

# イライラするとき

人の言動や周囲の状況、出来事に過敏に反応したり、わけもなくイライラしたりするときに必要なのは、どっしりした不動心。イライラ、もやもやを食でしっかり発散させましょう。

**お祓いフード▼** 梅の実・レモン・米酢、果実酢、ワインビネガーなどの酢

**ポイント▼** 酸味でシャキッと覚醒。さらにパワーフードでたましいに安定感をもたらしてイライラを遠ざけて。成長するエナジーが詰まった梅の実や、パワーフードの米が原料の米酢も注目のお祓いフード。飲み物、サラダ、酢の物など積極的に取り入れて。農薬の心配が少ない国産食材を選んで心身ともに安心感を得るのもプラスアルファのコツです。**参考例** 梅ジュース／国産レモンのレモネード／タコときゅうりの酢の物

**護符の使い方**

自らの心を鎮めつつ、イライラの原因となるネガティブなエナジーを「寄せつけないぞ」という強い気持ちを持って護符の線をなぞってください。そして「お祓いごはん」でイライラ気分をすっきりと発散させたあと、この護符を見ながら「もうイライラを寄せつけない」と念じてください。護符は携帯しましょう。

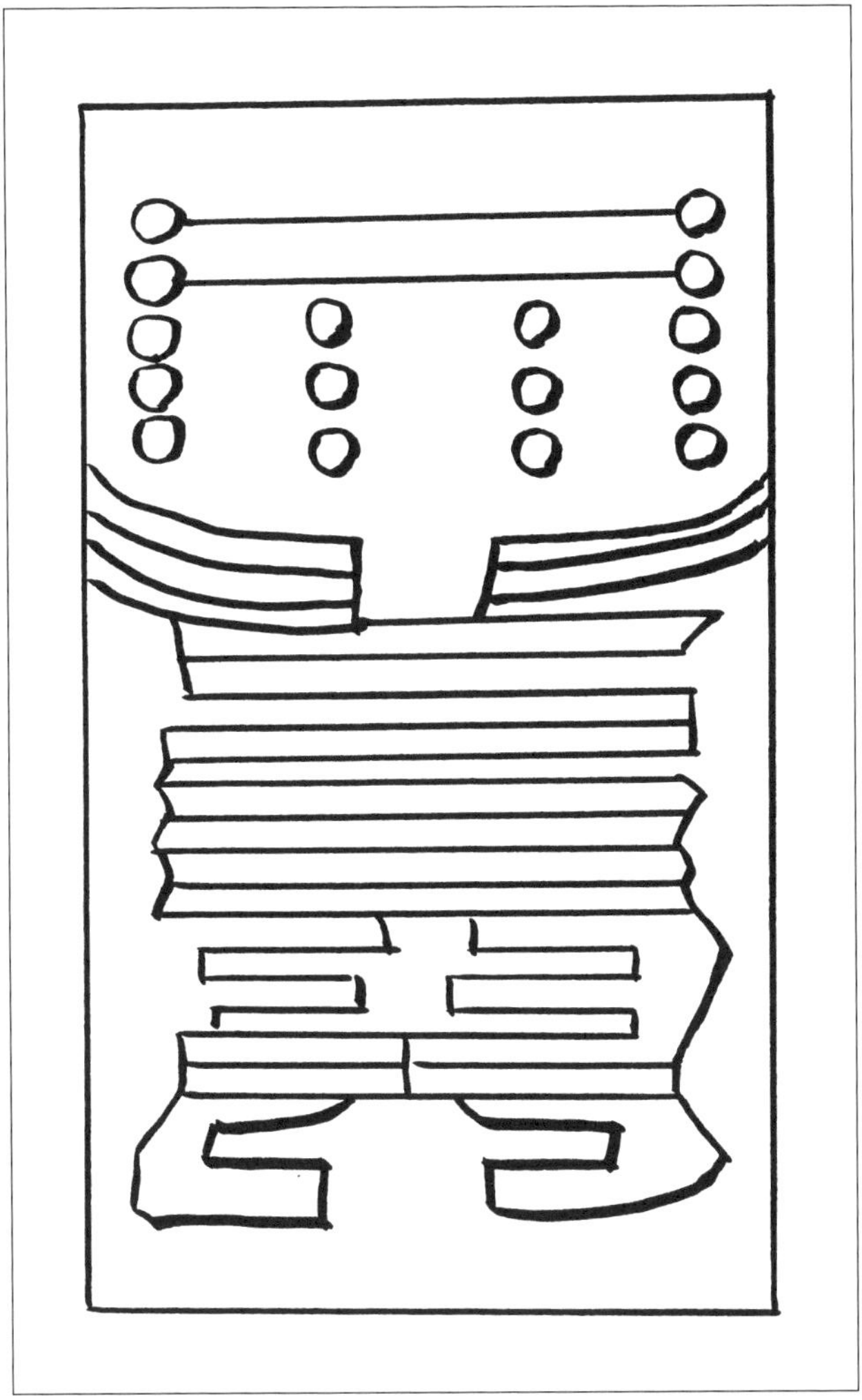

Case 3

# だるさがとれないとき

疲労や体力の低下のみならず、何をするにも億劫《おっくう》、人のグチに付き合って心が重いということも。まずは休養をとるなど肉体的なケアを。ネガティブな念の憑依《ひょうい》を防ぐには、人のグチを聞くときに共感する部分はあっても必要以上に感情移入しないことです。

**お祓いフード▼** 塩・味噌・梅・根菜・温かいスープ

**ポイント▼** 酸味や浄化パワーを持つ塩（海生まれの天然塩）、たましいと肉体を癒す温めがポイント。酸味は薬味程度でもＯＫ。米、豆、塩から作られる味噌や大地のエナジーを蓄えた根菜は内側からエナジーをわかせるパワーフード。発酵食品や温かい食事で消化に負担をかけず内側からじんわり癒すのも、疲労したたましいには効果的です。**参考例** 梅干し入りのおにぎり／温かい野菜スープ／ふろふき大根の柚味噌添え

**護符の使い方**

病や不調の学びと向き合うあなたを、護符のパワーが助けます。「心と体が安らぐように」と念じながら、護符の線をなぞってください。その後、この護符をベッドの近くに貼ったり、枕の下に入れておくとよいでしょう。食後や寝るときに、護符のパワーを感じながら、いただいた「お祓いごはん」のエナジーが心身に染み渡るイメージを持つと癒しにいっそう効果的です。携帯してもかまいません。

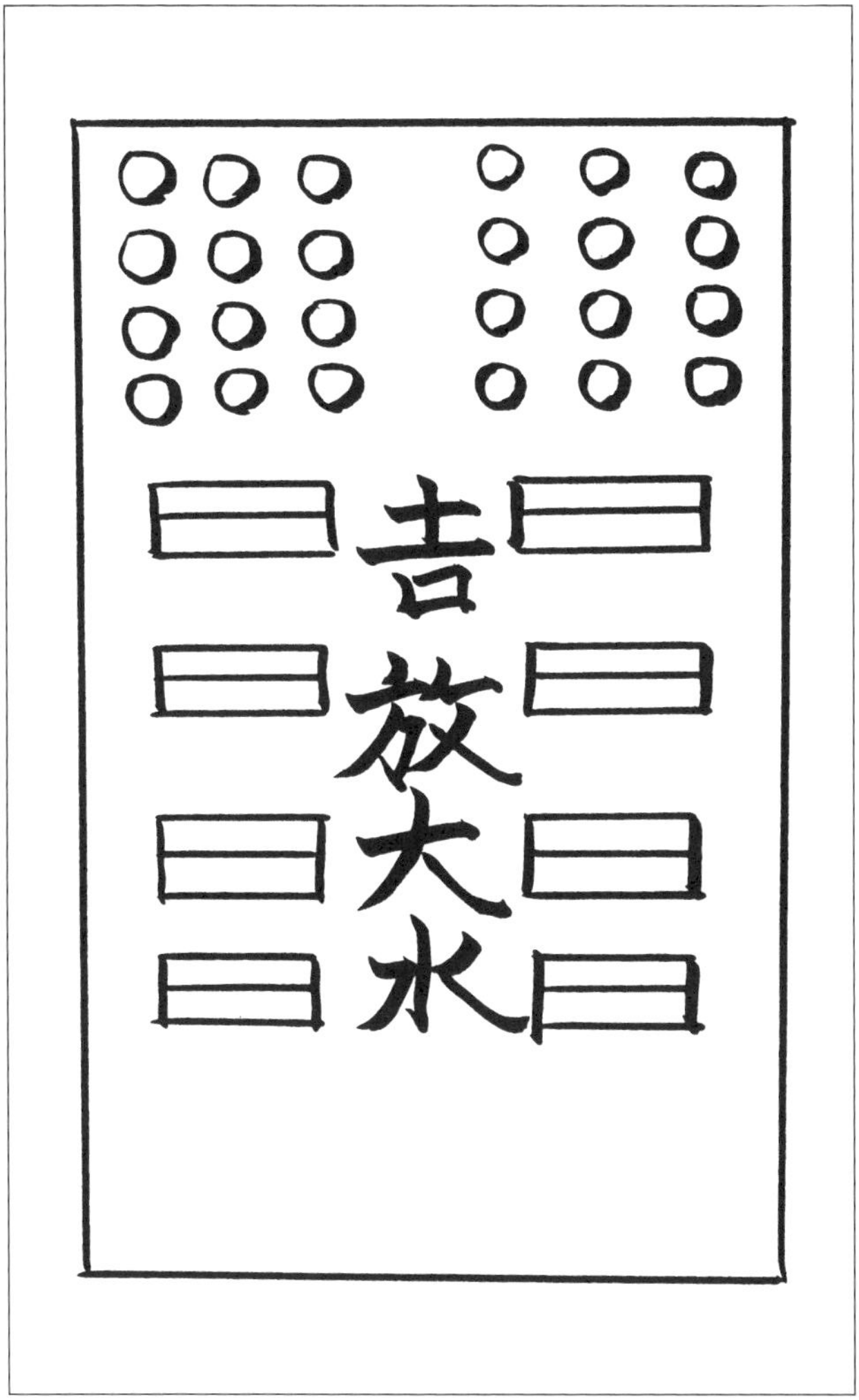
吉放大水

Case 4

# 悪寒がするとき

風邪などフィジカルな悪寒以外に、病院や葬儀、事故現場などの場所で哀しみの念の影響を受けたり、心霊スポットに行ってしまってスピリチュアルな悪寒を感じることも。そんなときのお祓いキーワードはとにかく「温める」こと！

**お祓いフード▼** しょうが・にんにく・唐辛子
**ポイント▼** 汗をかくような温かいごはんや辛みのあるスパイシーな味つけを選んで。とくにしょうがやにんにくは地中でエナジーを蓄えたお祓いフードの代表格で香りのパワーも強力です。体を温める薬膳を取り入れたり、精製糖よりもはちみつや黒砂糖など、よりナチュラルな食材を選ぶこともたましいを癒し、お祓い効果を高めることにつながります。**参考例** チゲ鍋／参鶏湯《サムゲタン》／しょうが湯／釜揚げうどんのしょうがのせ

## 護符の使い方

「祓うぞ」と念じながら護符の線をなぞってください。自分の家の中で嫌な気配を感じるなど気になる場所がある場合は、護符を貼っておいてもいいでしょう。スパイシーでホットなお祓いフードに強化された自らの念が、護符のパワーとともに悪寒を祓います。「お祓いごはん」で体のなかから温めたら、さらに入浴などで汗をかいて毛穴からネガティブなエクトプラズムを発散させるのも、悪寒を祓う行為として重要。邪気は首の後ろから出入りするので、ホットタオルなどで首の後ろを温めることもぜひ実践を。

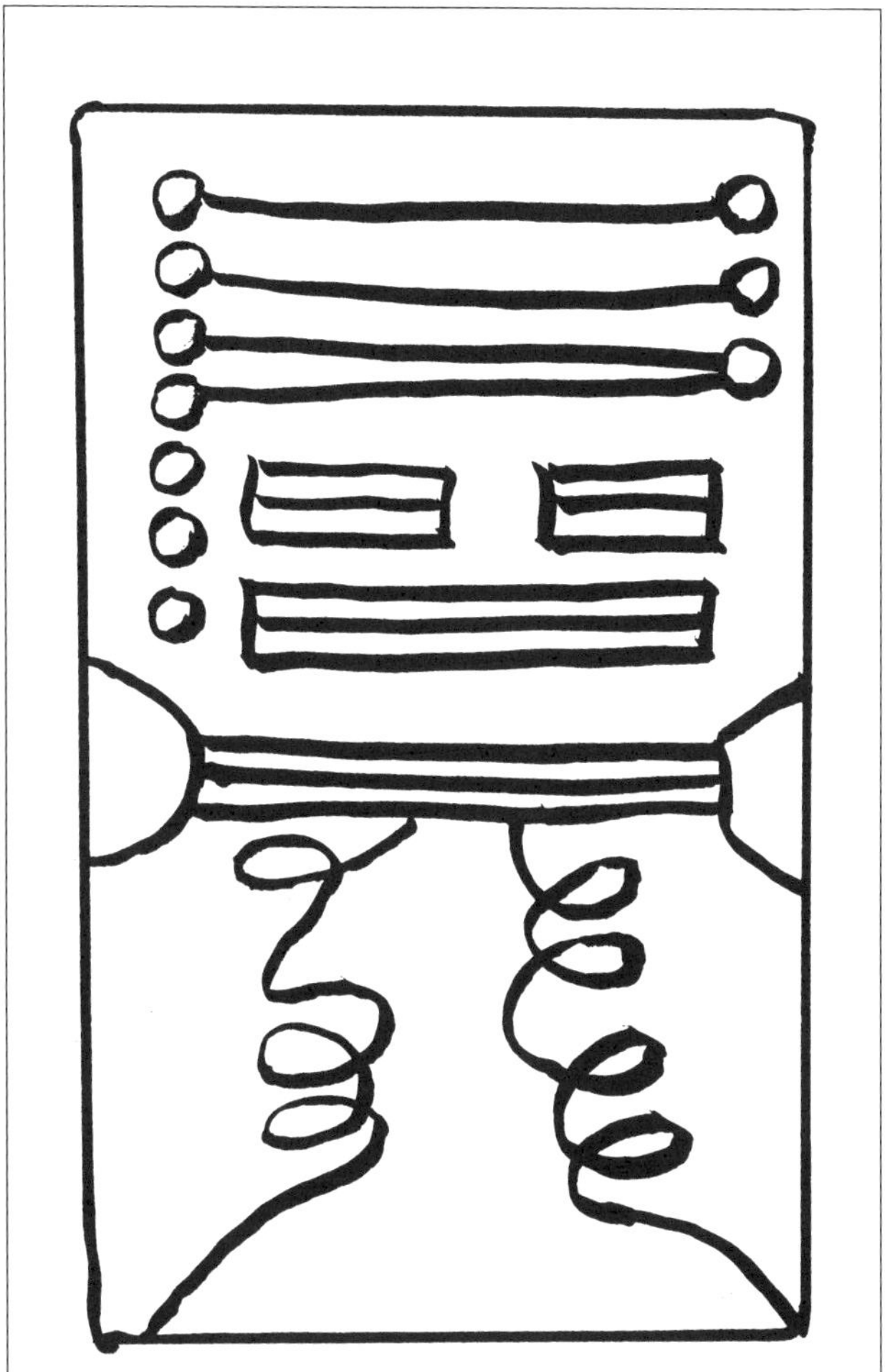

Case 5

# 眠れないとき・眠くて仕方ないとき

なかなか眠れないときや、反対に眠くて仕方ない、眠り続けてしまうときというのは、たましいの視点で見るとお腹に気が足りないことが原因のようです。必要なのは気を満たすこと。眠れない理由が悲しさや寂しさ、落ち込みという場合も同じです。

**お祓いフード▼** 米・豆・チョコレート

**ポイント▼** 不足している気を補うのは最強のパワーフード、米です。ふつうの米以外に餅米でもOK。パワーが凝縮した胎児形の豆も気を満たします。また少量のチョコレートは不安を祓ってたましいに安らぎをもたらすので安眠を誘います。やさしい甘味の和スイーツもほっこりした癒しパワーが落ち込みを祓います。甘味はいずれも少量で効果があります。**参考例** ごはん・おにぎり・おかゆ／ぜんざい

## 護符の使い方

「お祓いごはん」をいただいた日に、「良い気が満たされるように」と念じながら、護符の線をなぞってください。護符は常に携帯するといいでしょう。日々の「お祓いごはん」で補給したエナジーがだんだんと蓄えられ、護符のパワーとともに良い気となってお腹に満たされていきます。また、寝室の波動を整えるためには家電製品を置かないことが基本。難しい場合はベッドまわりからなるべく遠ざけて。代わりに植物を置きましょう。

Case 6

# 嫌な関係を断ち切りたいとき

距離を置きたいと思ってもなかなか強くなれないのは、自分に隙や油断があるから。その弱さを今こそ断ち切るときです。「もう人間関係に振り回されないぞ」という決意を固め、強く念じましょう。

**お祓いフード▼** 茶・コーヒー・桃・わかめ・ごま・塩・米

**ポイント▼** すぐ口にできるシンプルさがポイント。サッと飲めるコーヒーやお茶は、迷いが出そうなときのたましいの気付けに役立ちます。冷たくして飲むとたましいが覚醒し、弱さを断ち切れます。古くからお祓いの意味を持つと言われる桃はパワー満点の旬の時期にフレッシュなものを食べて。いつものごはんにわかめやごま塩をプラスすれば浄化パワーをアップ。**参考例** 冷茶／アイスコーヒー／ごま塩入りわかめごはん

## 護符の使い方

きっぱり関係を断ち切りたいという念をこめて護符の線をなぞってください。その後、リビングなど過ごす時間が長い場所に貼るとよいでしょう。「お祓いごはん」をいただく前に護符を見ながら、「心穏やかな日常が送れるように」と祈ってください。つい弱気になりそうなときは、護符を見ながらお祓いフードのお茶やコーヒーを飲んで、気持ちの仕切り直しをしましょう。

福云福
宅神魂光

# 「お祓いごはん」をパワーアップさせる5つのコツ

## 1 最強のパワーフード、米を食べる

お米、ごはんは最強のパワーフードです。力強い大地のエナジー、豊かな水のエナジー、さんさんと降り注ぐ太陽のエナジーを余すところなく蓄えているのが米だからです。胎児形でこれから育つ種でもあり、エナジーがたっぷりと詰まっていますし、なにより日本人が長く食べてきた主食。たましいを育んできた源と言えるでしょう。玄米は栄養価が高いことで知られていますが、消化に負担がかかるので向かない人も。好みや体調に合わせて7分づき、5分づきなどの分づき米を選んだり、ひえ、あわ、きびなど雑穀を入れて歯ごたえの変化を楽しんだり、自由に味わって。

## 2 旬の食材でエナジーを増す

スーパーマーケットでは、季節に関係なく一年中きゅうりやトマトが並んでいます

が、本来野菜や果物、また魚介類には旬があります。

旬のものは、天のエナジーもたっぷり。日本の四季のエナジーを巧みに蓄えた、たましいが歓ぶご馳走《ちそう》なのです。その季節に必要なお祓いをし、成就への力を、たましいと体に与えてくれます。旬のものは栄養価が高いだけでなく、たましいに良い作用があるのです。

例えば春の食材には、冬にためこんだものをデトックスするものが多くなります。わらびやタラの芽などは少し苦みがあり、野趣にあふれて刺激的ですが、食べるとたましいが覚醒します。芽吹きのパワーは冬の間に滞ったもやもやエナジーを発散しつつ、欠けたエナジーを新たに補ってくれる強力なお祓いです。

夏は暑さに対して、体を冷ます食べ物が増えます。スイカやきゅうりは体を冷やし、水分もたっぷり。夏の暑い時期に食べることで暑気払いや熱中症予防になります。

実りの秋に収穫されるものは、滋養が豊富。いも類や果物は糖分も多く、夏の疲れを癒し、これから迎える冬ごもりの準備として役立ちます。

冬は寒さに耐えるための食材が増えます。根菜類は体を温めるとされ、風邪という邪気を祓い、春までの力を蓄える野菜です。

## 3 手作りオーラでパワーアップ

手作りの食事には作る人のオーラがこもります。たとえ見た目に華やかさが欠けていたとしても、実は、中身はご馳走なのです。ぜひポジティブな気持ちで作りましょう。それだけでパワーアップした食事になります。

## 4 メニューに迷ったら和食を

長い年月をかけて育まれた日本人の体質や食文化に合った食事、和食。それだけに日本人にとっては、「お祓いごはん」の宝庫と言えます。

とくに味噌汁や漬け物など、素朴な和食メニューは、たましいをほっこりさせるパワーがあります。汁物メニューに迷ったらスープ感覚で味噌汁を、何か一品を足したいときはサラダ感覚で漬け物を添えるだけでもたましいは落ち着くでしょう。

漬け物、味噌、醤油、甘酒などは、古くから食べられており、日本人の体質や気候風土にも合っている発酵食品。健康に良いのはもちろん、じんわりと体に染み渡り、たましいを温めてくれるのです。

もちろん和食にこだわり過ぎることはありません。「おいしい！」と思えるものを食べて食を楽しむことが、たましいの歓びにつながります。

## 5 忙しいときは一汁一菜でOK！

忙しいならば、たくさんのおかずを並べなくてもいいのです。ごはんのほかは味噌汁、漬け物という一汁一菜でも立派な「お祓いごはん」になります。

簡単にパワーアップするなら、自炊をしてみて。どんな料理にしようかと考えたり、手際よく作るための段取りを整えたりするので、メディテーション効果があります。気持ちを切り替え、料理に集中するのは自分と向き合う時間。忙しくて追われていたことから解放されるでしょう。

味噌汁に具材としていろいろな旬の野菜を入れれば、それだけでたましいにエナジーがチャージされます。また市販の漬け物ではなく、自分で漬けた漬け物なら、それもまたパワーアップになるでしょう。一人暮らしで野菜が余り気味というときは、漬け物にしてしまいましょう。最初に漬ける手間はあっても、結果的に時短になり、節約もできるアイデアです。

# 食べ物で祓い、水で浄める！

日本のみならず、世界中にお祓いの意味を持つ食べ物があります。にんにくや唐辛子を魔除けとして玄関やキッチンにつるしておく風習は、ヨーロッパで、またアジアでもおなじみ。このように、にんにくや唐辛子、しょうが、玉ねぎなどにおいの強い食べ物は魔除けやお祓いとして使われ、古今東西、共通の「お祓いごはん」と言えるでしょう。

宗教によっては、こうしたにおいの強い食べ物は興奮作用があるなどといった理由で、修行の妨げになると考える場合もあるようですが、スピリチュアルな意味からすれば、においの強い食べ物はお祓いの作用があります。

そして唐辛子やしょうがは発汗作用があったり、辛みが強かったりと、発散パワーのある食材でもあります。これも邪気祓いにふさわしいパワー。

東洋医学では風邪をふうじゃと呼び、邪気を祓うためには体を温めるとよいと考えますが、スピリチュアルな視点からも同じことが言えます。温かい食べ物はもちろんのこと、七味唐辛子などの辛みスパイスを薬味として加えることで、邪気を祓う「お祓いごはん」になるのです。

もしあなたが、職場で嫌なことがあったときは、ランチで食べるうどんにパパッと七味唐辛子をかけましょう。それだけでもう「お祓いごはん」の完成です。「マイ七味」と称して、七味唐辛子入りの小瓶を持ち歩き、外食先で利用する人もいますが、これは常に「お祓い」をしているようなものなのです。

ちなみに、お香や香油などいい香りのものは聖なるものとして使われます。これもある意味でお祓い。つまりお祓いにおいて、においはひとつのキーワードなのです。

そして「お浄めの水」というように、水もお祓いには欠かせません。滝行など体の外から水で流す禊《みそ》ぎや、キリスト教で洗礼を受けるときにかけられる聖水はその代表。

人間の体はほぼ水でできていることを考えると、飲料水として飲むことは、体の中のお祓いになります。フィジカル、スピリチュアル、両面からみてもデトックスに役立つと言えるでしょう。水には力、エナジーがあります。だからこそなるべくなら自然で、安全な水を飲むよう心がけたいものです。

# ケガレない日常の作り方

〝ハレ〟と〝ケ〟を知っていますか？　古くから日本で言われてきたことで、〝ケ〟は日常、〝ハレ〟はそれに対して非日常、特別なことを言います。

食で言えば、〝ケ〟は日常的な食事、ふだんの食事です。〝ハレ〟はおせちなど行事や冠婚葬祭で食べるようなご馳走と考えるとわかりやすいでしょう。

残念ながら現代の食は、本来の〝ハレ〟と〝ケ〟というメリハリがなくなっています。

昔は外食といえば、ご馳走を食べるイメージがありましたが、今ではすっかり値段が安くなり、家で食べるより安上がりだと感じて日常遣いしている人もいるほど。

メリハリのない〝ハレ〟の食事ばかりが続き、家で季節の食材を自炊して食べる、素朴な日常としての〝ケ〟の食事がなくなるとどうなるでしょうか？

〝ケ〟は〝気〟に通じるので、気が枯れる、つまりケガレ、穢《けが》れになります。気というのはエナジーであり、オーラです。エナジーがだんだんと枯れて、オーラも弱々しくなっていくのです。枯れた気を戻すこと、日常的な食事をすることが、現代人には必要です。それもまた「お祓いごはん」。

肉だ、鰻《うなぎ》だと、カロリーや栄養価だけで考えるのではありません。それではまた〝ハレ〟に戻ってしまうようなもの。そうではなく、昔ながらの〝ケ〟に戻って、ケガレを祓う。具体的には季節の野菜をメインに、薄味に仕上げた精進料理のような和食や、良きエナジーが宿ったパワーフードを使った滋養のある食事を食べることです。

また断食などでいったん、リセットする時期をつくるのもいいでしょう。

動物は体の調子が悪くなるとエサを食べなくなります。食べないことで、消化に使うエナジーを自然治癒力を高めるほうに向ける本能があるようです。

人間も動物。質素な生活でじっとしている時期をつくることで、たましいも肉体も元気を回復できるのではないでしょうか。

さらに、ときには肉や卵など動物性の食材を避けることもおすすめします。私たちは食べることでほかの命をいただいて生きています。〝ケ〟という我に返る時期は、むしろ肉食をやめてそのことを改めて思う時期と考えてみて。自分の生き方にも〝ハレ〟と〝ケ〟は表れます。そうやってケガレない日常がつくられていくのです。

# 味覚を取り戻して開運!

最近は「おいしい」と素直に感じ取れる味覚を持っている人が、少なくなっているようです。

実は、純粋なたましいで、純粋な味をきちんと味わえる人が、本当の幸せを感じられる人なのです。

そういえば「おいしい」と感じられなくなっている。あるいは、素直に言葉にして「おいしい」と言う瞬間が減った。あなたがそのような状態だとしたら、その原因はなんでしょうか。

人工的で、濃い味つけの料理ばかり食べているせいで、味覚が麻痺《まひ》してしまっているのかもしれません。また、季節に関係なく冬でも夏の野菜がスーパーマーケットに並び、それを手にすることが多いのも一因とも考えられます。

太陽の光を浴びることなく、また土に植えられずに工場のような建物のなかで栽培される野菜。本来なら牧草を食べるはずが人工的なエサを与えられて育つ牛。こうした食べ物があたりまえになって、本当においしいと感じる食材が減ってきているのかもしれません。

そうなると、いざ自然に栽培された野菜を食べたときに「青臭くてイヤ！」「えぐみがあっておいしくない」などと、本来の味をおいしさとして感じられなくなってしまいます。

味覚を取り戻し、鍛えることで、実は添加物など人工的な味がわかる場合がありまず。そういう意味では、味覚を取り戻すことで、食事はいっそう整うと言えます。

それが幸せへの第一歩です。

私自身はもともと薄味嗜好でしたが、それに加えて積極的に無農薬、自然農法栽培の野菜をいただくようになり、肉食や乳製品、卵などをなるべくとらない食生活をしていくうちに、味覚が鍛えられてきたという実感があります。

今では添加物が入っているものを食べると、舌がピリッとしたり、味が違うことに気づいたり、微妙な差がわかるようなってきたのです。

人工甘味料は、やはり天然の甘味とは違いますし、うまみ調味料などが入っただしも、天然のだしとは、味も香りも違います。

あなたも、食品の原材料名の表示をよく見比べて、添加物などが入っていないものを食べたときに味の違いがわかるか、確かめてみてください。

人によっては味、香り以外の五感で感じる場合もあるでしょう。これを食べたときは胃がもたれる。目がかすむ。眠くなる。肌が荒れる。さまざまな体調変化が出ることもあるのです。

さらには第六感で、「なんか違う！」と感じ取れることも。

そこまでわかるようになれば、原材料表示のない外食などでも、体に良い食事、安全な食事を選ぶことができるかもしれません。

実は味覚を取り戻し、鍛えると、五感、そして第六感も研ぎ澄まされます。

いろんなものに敏感になり、幸せを見つける感性も磨かれます。すべてが開運へとつながるのです。

# スピリチュアル　お祓い断食

**開運の扉を拓《ひら》く鍵はたましいと肉体のコントロール。**
**浄化のきっかけをつかむ！　生き方を変える！**
**「スピリチュアル　お祓い断食」で、心身をリフレッシュ！**
**本当の自分を取り戻す、たましいのデトックスをしませんか？**

お祓い断食とは、たましいの視点を持って、食事を控える断食などの引き算を行うことです。憑依による過食を浄化したり、消化機能を休養させることで、本当の食欲や本来の味覚を取り戻すきっかけをつかみやすくなります。

ちまたにはダイエット目的の断食も多いですが、お祓い断食はそれらとは違います。生活習慣を見直し、自分を律することが大きな目的だからです。

律するというと厳しく聞こえるかもしれませんが、たましいと肉体のコントロールをすることで本当の自分を取り戻すのです。

ダイエットならばリバウンドもあるでしょうが、お祓い断食は期間が空いても帳消しにはなりません。効果は貯金のように積み重なっていきます。生き方が変わるからです。

近年のオートファジー（自食作用）研究によって、断食で細胞がリフレッシュされ、体が活性化することがわかってきました。

例えば添加物や農薬を避けたいと思っても、現代では完全には難しいでしょう。原材料をチェックしたり、どうやって作られたものかを知ることは健康のためにはとても大事ですが、気にするあまり、「外食ができない」「食べるものがない！」とストレスを募らせるのは本末転倒。それよりも「食べてしまってもデトックスして悪いものを排出すれば、リフレッシュできるから大丈夫！」とおおらかに生きればいいのです。その臨機応変さがあれば、心身にストレスをためずに生きられます。結果的に自然治癒力を高めることにもつながるでしょう。

お祓い断食は、心身をリフレッシュさせる一つの手段でもあるのです。

デトックスというと、なんでも出せばいいと考えがちです。しかしスピリチュアルな視点を踏まえると、実はそうではありません。

気を養う、エナジーを入れる、滋養のあるものを食べることもデトックスにつながります。入れることで体とたましいを整え、良い循環ができれば、結果的にさまざまな悪いものを外へ出す良きお祓い、デトックスになるからです。

とくに病気療養中や産後間もないときは、滋養を高めるべきときです。ほかにも人前で歌うなどエナジーを出すようなときや、そういう職業の人は、かなりのパワーが肉体的、精神的に必要で、食事を控えることが必ずしもいいとは言えません。

さまざまな事情や体調によって食事を控える断食ができない場合は、滋養のあるものを食べながらの引き算を考えましょう。例えば、肉食を1週間のうち1日やめるのも引き算。パンや乳製品が好きだけれど、材料に含まれる添加物は避けたいし、日本人にとって食の欧米化とがんなど病気の増加は関係があるとも聞く。そう考えたならパンよりも和食を中心にし、乳製品なども原材料をよく確かめて良質なものを嗜好品としてたまにいただこう、と考えるのも引き算。これらもまたデトックスであり広い意味でのお祓い断食です。

生半可な知識やファッションでやみくもに断食をして、体調を崩しては意味がありません。自分がどういう状態なのかを知り、正しいデトックス方法を選ぶこと。たましいと肉体を、健やかにコントロールするという原点を忘れないようにしましょう。

# たましいのタイプを知る

自分の肉体やたましいを知ることは、自分に合ったデトックス方法を探るために役立ちます。たましいのタイプというのは気質のこと。まずはエナジーやたましいの気質、体質をスピリチュアルな視点から分析し、自分のタイプを知りましょう。AとBで当てはまる項目をチェックし、多いほうがあなたのタイプ。

ただし、必ずしも2つのタイプのどちらかにはっきりと分けられるとは限りません。あくまでも自分はこういう傾向があると知るためのきっかけとしてとらえ、自分に合ったデトックス方法を探る参考にしてください。

自分に当てはまる項目をチェックしてみましょう。

## A

- □氷の入った冷たい飲み物が好き
- □暑がりまたはほてりやすい
- □汗っかき
- □顔色は赤ら顔
- □便秘しやすい
- □体力があり疲れにくいほうだ
- □ストレスは外に発散するタイプ
- □体を動かすのが好き
- □体型はわりと筋肉質
- □辛い味つけやスパイス系が好き
- □イヤなことがあるとやけ食いする
- □声が大きいと言われる
- □高血圧傾向

## B

- □常温か温かい飲み物が好き
- □寒がりまたは冷え性
- □汗はかきにくい
- □顔色は青白い
- □下痢しやすい
- □体力がなく疲れやすいほうだ
- □ストレスで内にこもるタイプ
- □家で読書や考え事をするのが好き
- □体型はやせ型または水太りタイプ
- □辛い味つけは苦手
- □悩みがあると食欲が落ちる
- □声は小さいほうだ
- □低血圧傾向

Aが多い人

## コンスタントな断食で心身のコントロールを

Aが多い人は、パワフルでエネルギッシュな〝ワイルドタイプ〟。体力も気力も十分で、仲間といてもリーダーシップを取る場面が多いでしょう。仕事にも積極的で、起業を目指す人も少なくありません。疲れを感じることなく、休みも取らずに活動しますが、自分の体調を客観視するのが苦手な側面も。血圧も高めになりがちなので、自分の健康管理は怠らないこと。元気だからと過信するのは禁物です。

注意したいのは、周囲がワイルドタイプに必ずしもついてこられるとは限らないこと。例えば自分は体力があって休みなく働けるからと、家族、あるいは同僚や部下に同じことを要求し「どうして自分のように頑張れないの⁉」などと言ってしまいがち。カーッとなると、持っているエナジーが外に向きやすいので、冷静になることが必要です。鏡を見ると、ハッと我に返り、高ぶった感情をお祓いできます。

気力で頑張っていても、肉体は疲労しているもの。元気だからと過信するのは禁物です。また、ふだんからなんでも過剰にとりやすい傾向があり、から揚げなどこってり系の料理を大盛りで食べてしまうことも。その過剰さは胃腸にも負担がかかります。

ときには冷たいものを飲んだり、さっぱりとしたざるそばやお寿司、精進料理を食べたりすることがたましいへのご馳走となるでしょう。必要なのはクールダウンです。

ちなみに指圧なら早めのテンポでリズミカルな刺激を受けると、こりがほぐれます。もともとスパイスや辛い味つけが好きなワイルドタイプですが、これもエナジーを発散させるためには合っています。とり過ぎは注意ですが、適度に取り入れてみて。

## お祓い断食成功のコツ

たましいの気質的に、断食は向いています。あふれるエナジーを少し発散させることで、心身のコントロールを上手にできるようになるはずです。断食を始めると、体調、思考ともにクリアになり、断食後は一層活力が湧いてくるはずです。ストレスで食欲が増す傾向にあり、断食などの引き算は苦手で、最初はなかなかやる気になれないことも。そこで「毎月この日は断食」などと計画的に行ってみて。引き算でありながらも足し算のようなプラスの効能を感じ、一度やるとハマるかもしれません。とはいえやり過ぎには注意。ベーシック（70ページ）からすぐにステップアップ（71ページ）に行くのではなく、3カ月くらい続けてリズムを作ってから次へ進みましょう。

Bが多い人

# 地道なエナジー補給で活力アップ

Bが多い人は、ふだんからパワーが少なめな〝マイルドタイプ〟。控えめな草食系というイメージがぴったり。自分でも気力や体力が少ないことを自覚している場合が多く、ふだんから疲れやすさ、体力の衰えには敏感。そのため休みながらも、上手に体調をコントロールできる素養はあります。見た目にも細い人が多いので弱々しいイメージがありますが、自分を知っていれば健康管理をしっかりするタイプ。

温かい飲み物やお餅、かぼちゃの煮物など、ほっこりするような食べ物を好む傾向があります。これは辛いもので発散するのではなく、温かいものを体に入れてエナジーを蓄えるため。パワーが足りないと感じるときは、積極的に温かいものを飲んだり食べたりするほか、外から体を温めたりしましょう。とくに弱っているときは、鍋やうどん、おでんなど温かいメニューを選ぶことがたましいへのご馳走になります。滋養を高め、気を高めることがお祓いにつながります。必要なのはウォームアップです。

自分の内面を冷静に見つめるあまり、エナジーをすり減らすタイプなので気も弱りがち。そこでお守りを持ち、心丈夫になって跳ね返すというお祓い法や、温泉でエナジーを補充し、気を蓄えるのもおすすめ。森林など自然の中に身を置いて、木々のエナジーをもらうなどもいいでしょう。

ちなみに指圧ならじんわりと長く押し続けるような刺激でリラックスできます。手当てというように、やさしく手を当てるようなやわらかいマッサージも効果的です。

## お祓い断食成功のコツ

ストレスで食欲がなくなり、気持ちも内向きになるので、断食よりも地道に食事でエナジーを補っていくほうが向いています。ただし、空腹状態を作り消化吸収を高める意味での断食はおすすめです。断食をする気力が起きにくいので、仕事が立て込んでイライラするなど心身へのストレスで食欲が落ちたタイミングで、ベーシック（70ページ）に入るのがおすすめです。食欲がないときに「食べなきゃ」と頑張るより、「食べなくてもいいや。断食しちゃおう」と意識を変えて、そのまま1食抜くとスムーズ。断食中は気持ちが落ち込みがちになるかもしれません。そんなときはぜひ体を動かして。断食中、断食後の心身の変化をじっくり観察してみると、きっと活力アップを感じるはずです。

# お祓い断食の基本

お祓い断食には「ベーシック」と「ステップアップ」の2種類があります。初心者はまずベーシックから始めましょう。体調に合わせ月に1、2回を目安に行ってみてください。

お祓い断食の目的は、たましいを見つめながら本当の自分に戻ってゆっくりと体のお掃除をするデトックスです。いつの間にか自分の肉体もたましいも穢《けが》している今の生活をリセットし、自分の体を慈《いつく》しみ、食べ物に感謝する気持ちを改めて持つために行うのです。

お祓い断食に「〇kgやせる」「血圧や血糖値が下がる」というような効果を求めるとうまくいきません。なぜならそれは目に見えるものに価値を置く物質的価値観だからです。魔法のような効果を望む、その物質的価値観さえもデトックスしなければいけないと考えを改めて。ふだんの食生活を改善する足がかりとし、自分で自分を律する〝自律〟へとつなげましょう。

## 【始める前にチェック】

当てはまる項目があればチェックしましょう。

- □断食する意欲や気力と体力が自分にはないと感じる
- □食事の時間や回数、睡眠時間がいつもバラバラである
- □甘いものや脂っこいものばかり食べるなど食の偏りがある
- □断食する前だと思うと逆にお腹いっぱい食べてしまう

チェックが入る人は、お祓い断食をする準備が不十分のようです。生活が乱れた状態で断食をすると、肉体に過度な負荷がかかり、反応がとても大きくなるなど影響が出る場合があります。

チェックを減らすように生活を整えてから、始めるようにしましょう。

## 【おすすめのタイミング】

**週末の休日など自分の時間がとれるとき**

自分が断食中に人が食べているのを見れば心穏やかではいられず、うっかり誘惑に負けてしまうことも。また自分と向き合い、本来の自分を取り戻すことが目的なので、仕事などのストレスがなく、きちんと内観できる環境や場所、状況を整えられるタイミングで行うのがベスト。休日でプライベートな状況などがいいでしょう。

**1カ月に1、2度行う**

とくに最初のうちは1カ月に1、2度など、無理せず体調をよくみながら行いましょう。刺激も続けば、麻痺や中毒というネガティブな方向に傾きます。長くやる、たくさんやることよりも、メリハリをつけるようにしましょう。

**たましいの気質に合わせて行う**

ワイルドタイプの人は、「毎月、第3土曜日に行う」など、日にちを決めるのが合っているようです。

マイルドタイプの人は、疲れがたまっていたり、気持ちが落ち込んだりして食欲が落ちたタイミングで行うとスムーズに入れるようです。

## 【避けるべき場合】

次の場合は、滋養を高めるべきですので、お祓い断食はおすすめしません。

- 妊娠・授乳中である
- 成長期（成人前）である
- 病気療養中、または投薬治療を受けている
- 胃潰瘍や十二指腸潰瘍、胃炎があると指摘されている

その他持病がある場合、市販薬を服用している場合は、医師と相談のうえで行うかどうかを検討してください。

ベーシック

# 1日1食のお祓い断食

やり方は簡単！　1日1食だけで過ごすお祓い断食です。朝食だけ、昼食だけ、夕食だけなど、1食を食べるタイミングは自由です。抜いた食事の代わりに、具なしの味噌汁を飲むのがおすすめ。塩分補給で脱水予防になるとともに、ミネラルも補給できます。月に1、2回を目安に、体調に合わせて行ってみてください。

(例)夜／具なし味噌汁↓翌朝／具なし味噌汁↓翌昼／あっさり軽めの和食(翌夜は通常の食事)

## 守りたいこと

- アルコール、カフェイン（コーヒー、紅茶、エナジードリンクなど）、たばこといった嗜好品や刺激物はとらない。
- 水、ハーブティーなどはいくら飲んでもＯＫ。脱水しないようこまめに補給を。
- 食べる1食はなるべく和食にし、いつも通りの量か、それよりも少し減らす。

ステップアップ

# 全行程3日間のお祓い断食

ベーシックに慣れたら、3日間のステップアップに挑戦！
基本的な流れは準備食↓断食↓回復食です。
数カ月に1回を目安に、体調に合わせて行ってみてください。

## 3日間通して守りたいこと

- アルコール、カフェイン（コーヒー、紅茶、エナジードリンクなど）、たばこといった嗜好品や刺激物はとらない。
- 市販のスポーツ飲料や清涼飲料水には人工甘味料などの添加物が入っている場合があるので飲まない。
- 医師の処方以外で飲んでいるサプリメントなどはとらない。

# 1日目 準備食の日

いきなり断食するのはNG。1日目は軽めの和食を準備食としていただきましょう。水泳だって準備運動をしないでプールに飛び込めば、心臓に負担がかかってしまいます。たましいと体に、しっかり断食の予告をすることが、お祓い断食の成功の鍵です。

## 1日目と3日目に守りたいこと

- 食事はすべて和食にし、1食の分量はごはん、おかずとも通常の6〜8割ぐらいに減らす。
- 肉、魚、卵、乳製品など動物性食品は食べない。だしもカツオ節ではなく、昆布やしいたけなど植物性のだしを使う。
- 添加物や農薬を使用した野菜など、体に負担のかかる食材は避ける。

# 2日目 断食の日

食事は抜いて、水分だけとりましょう。

ふだんの食事には水分が含まれているため、食事を抜いているときは意識的に水分を多くとってください。水を飲むのはお祓い、いわば体内の禊ぎです。

## 2日目に守りたいこと

- 脱水症状になりやすいので水分補給はこまめに。目安は1日に1・5～2リットルですが、それ以上飲んでもOK。このとき塩をほんの少しなめるなどすると脱水症状を防げる。唇が乾いたり、足がつる、尿の色が濃くなるなど、脱水を感じることがないように気をつけて。
- 水分をとっても吐くなど急な体調変化がある場合は断食を中止し、すぐに医師の診察を受けて。

## おすすめしたいこと

- 10時と18時、2回のタイミングでお湯に味噌を溶いた味噌スープをお椀に1杯ずつ飲む。塩分補給で脱水予防になるとともに、ミネラルも補給。味噌は発酵食品なので腸内環境を整えることにも役立つ。また日本人のソウルフードであり、温かい飲み物はメンタル的にもホッとするので断食が続けやすくなるメリットも。飲み続けるのではなく、タイミングとして10時と18時というように時間を空けて飲み、空腹をきちんと感じるようにする。ちなみにワイルドタイプは白味噌（米味噌）、マイルドタイプは赤味噌（豆味噌）がおすすめ。いずれも米や豆というパワーフードからできていて、たましいのエナジーチャージにも○。
- ハーブティーを数種類用意しておく。香りも楽しめて満足感が得られる。心地よい香りと植物のエナジーがお祓い効果も。
- 食べないことで空いた時間に自分と向き合う内観を。また、読書や趣味など、ふだんできなかったことに使ってリラックスして。食べることは意外と時間を費やしていたことに気づくはず。

# 3日目 回復食の日

控えめの和食をとって食事をゆるやかに戻しましょう。

1日目と同じく控えめに。断食中よりも、回復食をおろそかにして体調を崩すことが多いので、体にいきなり負担をかけないよう慎重に食べるのが鉄則!

## 3日目に守りたいこと

- お腹が空いているからといって急に量を多くしたり、脂っこいメニューにしたりすると体はその刺激についていけない。いつもなら何でもない量や味つけでもショックを起こして体調を崩すことがあるので要注意。辛いものもタブー。
- 消化吸収を休んでいたため胃腸はデリケートな状態。そこで一気に食べると負担大。食べるスピードはゆっくりと、味わいながら。おかゆなどでもOK。断食前より味が濃く感じられることが多いので、ゆっくり食べても、また少量でも満足できるはず!

## 空腹があなたの波長を変える

お祓い断食をすると、まず感じるのは空腹です。

たましいの視点から見ると、空腹によって食べ物に未練を残した未浄化霊の憑依をお祓いできます。また一番には自分自身の信念、意志力を高めることができるのです。未浄化霊は生きた人を依り代《よしろ》にして、食欲を満たそうとします。生きている側の「食欲を満たしたい」という波長に引き寄せられて未浄化霊が来るのですから、自分がまずその波長を変えることが大事。お祓い断食による空腹で、みずからの波長をガラリと変えることで、未浄化霊との共依存を断つのです。

また、空腹はたましいの集中力を高めます。

本当の空腹を実感すると、空腹のあとに食べたとき、胃や腸が動くことを実感します。こうした動きを司っているのは脳です。

食べることは胃や腸を働かせるだけでなく、脳にも仕事をさせているのです。食べ物を情報だと考えると、たくさん食べれば、それだけ脳はたくさんの情報処理をしなくてなりません。どんどん疲労していくことでしょう。

脳を活性化させたいならば、意識して空腹をつくり、脳を休ませることです。

飢餓《きが》の時代が長かった人類の歴史からみれば、1日のなかで空腹の時間が長いというのは、ある意味、あたりまえの状態で、1日3食食べる必要はないという専門家もいます。

いろいろ考え合わせると、3食食べることが習慣化されている現代においては、ふだんからなるべく間食はせず、空腹の時間をつくることが大切ではないでしょうか。断食をしていないときでも、あえて空腹を感じ、胃腸を休ませるメリハリはとても大事。エナジーを入れる時期の人も、ぜひ間食をなくして空腹時間をつくってみてください。

空腹時間にはぜひ体を動かしましょう。ウォーキングでも、スクワットでもかまいません。短時間でも運動すると血糖値が安定し、むしろ食欲が落ち着きます。ふだんお腹が空き過ぎたあとで、つい食べ過ぎてしまう人も、空腹時の運動はおすすめ。食べ過ぎを防げるはずです。

そうやって自分を律することが、すでにお祓い断食です。

## 断食中に眠くなるのはなぜ？

お祓い断食中には、とても眠くなる場合があります。

日頃から肉体的に疲れているせいというのもあるでしょう。断食がひとつの休養となって、眠りやすくなるのかもしれません。

実際に食べ物を消化するというのは、かなり体に負担がかかります。寝る直前に食べると、内臓が賢明に動いて消化吸収を行うので睡眠が妨げられることもあるほどです。消化吸収がほとんど行われない断食中は、眠ることに集中できるのです。

そういう意味でも、週末や休日のお祓い断食はおすすめです。

睡眠をたっぷりとれば、たましいはエナジーチャージ、肉体はデトックスして、リフレッシュできます。きっと目覚めたあとはパワーアップし、すっきりお祓いできたことを実感するはずです。

# たましいのパワーアップを実感しよう！

お祓い断食の実践中や終わってから、感じること、わかること、気づくことがあります。体とたましいの声をじっくり聴くように変化を感じ取りましょう。

それらは自分を知るひとつの指標となるといってもいいでしょう。これから自分をどうコントロールしていけばいいのかが明確になるはずです。

憑依を祓い、本当の自分になれば、いっそうコントロールもしやすくなります。どんどん自分をポジティブな方向にもっていけるので、パワーアップして開運への道を進めるに違いありません。

**実践中**

お祓い断食の前後で、ワイルドタイプ、マイルドタイプというタイプが、自分が思っていたのとは違うことが明らかになるかもしれません。

とくに断食中に活力が湧いて元気になる、運動したくなるなど活動的になるのはワイルドタイプの特徴。余分なエナジーが断食で消費され、心身が軽くなるのです。

断食中に人が食べているのを見て、それで自分も食べたような気になれることがあるのもワイルドタイプ。

一方で、「なんで断食なんかしているんだろう」と気持ちが落ち込んでしまうのは、マイルドタイプに多いよう。とくに1日食べないだけで飢餓への恐怖を感じるような人は、もともとのエナジーが少ないからこそ起きる変化です。ですから断食中に人が食べている様子を見ると、さらに気が滅入ってしまいがちです。

またワイルド、マイルドに限らず、断食中はふだんの生活が顕著に表れますので、逆に生活を見直すきっかけになります。ふだんの生活が乱れている人が断食をすると、抑うつ状態になったり、逆にひどくイライラしたりすることも。ふだんの生活が整っている人は、断食中にすっきりとして、明るく元気になって、活動的になります。

**お祓い断食後**

1度ですっきりと充実感を得られる人もいれば、そうでない人もいます。自分の変化をよく見極めるためにも、まずは3カ月続けてみましょう。その間はもちろん、生活をしっかり整えて取り組んで。お祓い断食を3カ月行ったあとで、改めて以下について体調をチェック！

□朝、すっきり目覚めることできる
□昼、元気にハツラツと働ける
□便秘や下痢にならず、毎日、便通が良い
□夜、ぐっすり眠れる

これら4つのことが実現できていたら、お祓い断食が自分に合っていたということ。これらは断食に限らず、指圧などの健康療法や健康食品などが自分に合っているかをチェックするときにも当てはまります。

実現できていなければ、やり方を調整したり、断食以外の別の方法を選んだりすることも検討しましょう。

# 断食中の心を整えるには？

断食という飢餓に似た状況で不安などを感じたりする場合も。なかには抑圧されていた感情が表に出てしまうケースもあります。そこで役立つのが呼吸を整えることです。鎮魂法や卵オーラ法（１３６ページ参照）など、丹田を意識した呼吸法を行うと、大きく振れた感情が落ち着き、断食中もいい状態を保てます。丹田は肉体とたましいをつなぐ接点のひとつであり、エナジーを蓄える大事なツボです。呼吸しながら意識することでデトックスしつつ、エナジーを蓄えて。

たばこを吸っている人は、ぜひ呼吸というデトックスをおすすめします。実はたばこをやめるには、お祓い断食はおすすめなのです。断食中はたばこも吸ってはいけませんが、吸いたくなったら深呼吸をすると気持ちが落ち着きます。そして、「欲しかったのはたばこじゃない。呼吸だ」ということに気づき、呼吸する歓びを実感できます。そうすると断食が終わっても、たばこを吸いたいという気持ちは起きにくくなります。無理にやめようというストレスを感じることなく、自然に、また清々《すがすが》しい歓びとともにやめられるでしょう。

# 2

## エナジーを強化する「祈りの作法」

# 毎日の食事に愛のエナジーを

食事に祈りを込めましょう。たましいが歓ぶご馳走になります。それを食べれば、あなたのエナジーが高まり、オーラも輝くでしょう。

自分の体をいたわろうと思う気持ち、また家族の健康を守ろうと思う気持ちは、良き念として料理に込められます。これをオーラマーキングと言います。どうやって込めるのかというと、いちばんわかりやすいのは料理を手作りすることです。

手の込んだ料理でなくて、かまいません。おにぎりを握る。それだけでもいいのです。とても忙しくて、お総菜を買って帰ってきたときも、付け合わせの野菜を自分で切って添える。それだけだってかまいません。「これでいいや」ではなく、「せめてこのくらい」と自分や家族のためのひと手間をかけることで、良きエナジーが祈りのオーラとなって食事にこもり、たましいに伝わるのです。

「おにぎりは素手で握らないと、思いはこもらないのでは？」と疑問に思う方もいらっしゃるかもしれませんが、そんなことはありません。衛生面を考えてラップフィルムを使っても、まったくオーラには関係ありませんので、使って構いません。

残念ながら、子どもの拒食に親子関係が影響しているケースは少なくありません。拒食が表面化するきっかけのひとつは、親が作った食事を食べられないことです。さらに分析すると親子の心が通わなくなったことにつながります。口はエナジーの入口。オーラマーキングされた食事を受け付けなくなるのです。それくらい食べ物にはエナジーが入るということ。料理を手作りすることは、信頼感も大いに影響します。あなただって、たまたま入ったお店の料理人が不衛生な印象だったら、「この人が作ったものは、あまり食べたくないな」と思うのではありませんか？

家族であっても、信頼は日々のコミュニケーションで結ばれるもの。ふだんから何げない会話を交わし、入れたお茶を一緒に飲む。そんな積み重ねがオーラマーキングになるのです。

日々、心がけたいのは自らで自らを祓い、ポジティブな念を込めて祈り、たましいにとってのご馳走を食べること。スピリチュアル、フィジカル、両方のアプローチでデトックスを行い、気を高めることです。

もしあなたが、大切な家族や、愛する人を護りたい、支えたいと思ったなら、今日、作る食事にその思いを込めましょう。もちろん、自分で自分を護りたい、励ましたいと思うときも同じ。自分で作る料理に思いを込めるのです。

祈りの思いがこもった食事を食べ、たましいに届くから、人は頑張れるのです。

人生で壁にぶちあたっても、つらいことがあっても、悲しいことがあっても、その祈りによって養われた底力で「なにくそ！」と乗り越えられます。

言葉だけでいくら「頑張って」と言っても、なかなかたましいには届かないかもしれません。一方で、何も言わなくても、毎日の食事に愛のエナジーを込めていればこそ、ここぞというときの底力が養われます。

だからイライラしたまま料理をしないこと。ネガティブな思いもまた、料理にこもってしまうからです。それではどんな豪華な食事を食べても、元気にはならないでしょう。

祈りとは丁寧に生きること。今日、何かをやったからすぐに結果が出るというものでもありません。祈るように丁寧に、そして少しずつでも積み重ねるように、いつも込めていきましょう。ではいくつかの具体的な「作法」を、ご紹介していきます。

# 食べ物にエナジーを込める作法

ここで紹介するのは、食べ物に気を入れる作法と、気を抜く作法です。

日常的に思いを込める手料理を作っていても、ちょっと体調が悪いときなど、とくに気を入れたいときもあるでしょう。あるいは、ネガティブな感情を持ちつついただいてしまったものがあるけれど捨てるわけにもいかないなど、印象を変えたいときもあります。

次ページで紹介する2つの作法は、一見すると真逆のように見えますが、どちらも結果的に食べ物に良きエナジーを込めることにつながります。自分で食べるものはもちろん、家族や友人が食べるものにも行えますので覚えておくとよいでしょう。

# 食べ物に気を入れる

**〈こんなときに〉**

- 体調を整えたい
- 集中力を高めたい
- 受験や試験で実力を発揮したい
- 災いから身を護りたい

……など

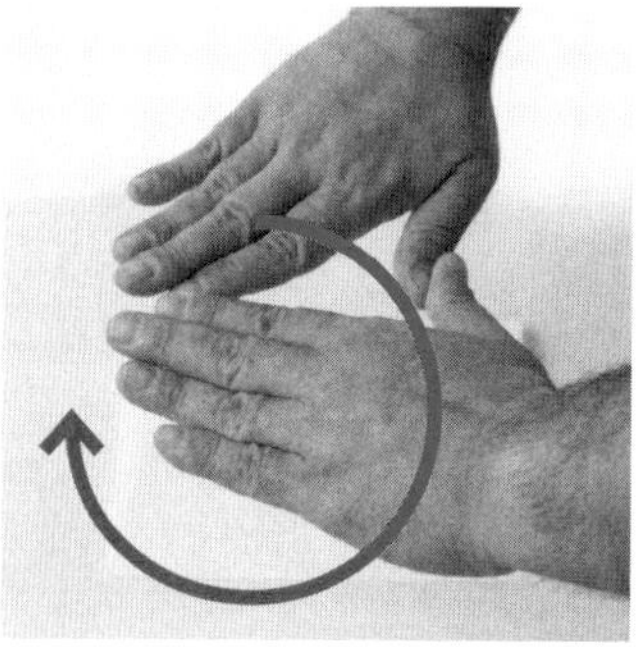

作法

① 食べ物の上に両手をかざします。

② ポジティブな祈りを込めて、時計回りに手を回します。

自分で食べるものに行うほか、相手が食べるものに行うことも可能です。例えば「体調が悪い相手を支えたい」「試験前の家族を応援したい」と思ったら、相手が食べるものに、「体調がよくなりますように」「いつもどおりの力を発揮できますように」などと祈りを込めて行いましょう。

# 食べ物の気を抜く

〈こんなものに〉

- 揉《も》めごとのお詫びの品
- 自分に対して悪意を感じる相手からのいただきもの
- 気の進まないお土産の品　　…など

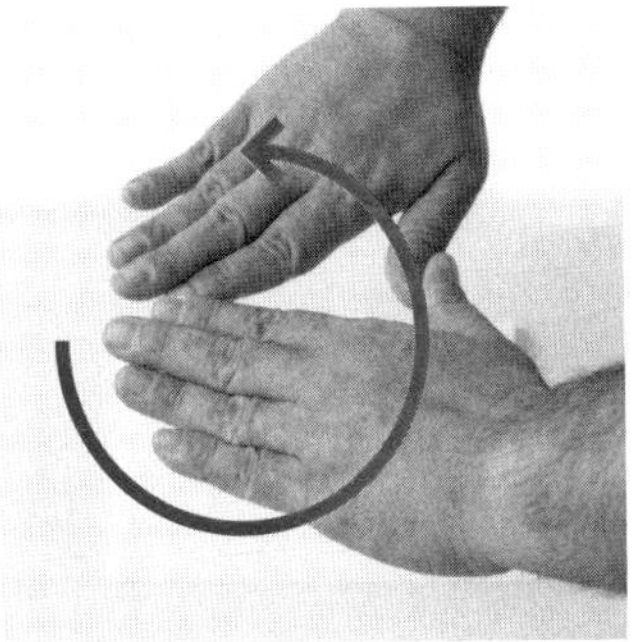

作法

① 食べ物の上に両手をかざします。

② ネガティブな気を「祓うぞ」と念を込めて、反時計回りに手を回します。

食べ物に罪はありません。ネガティブな気をお祓いしたら、おいしくいただきましょう。

# 穢れを寄せ付けないための秘儀

心地よく食事を作ったり、食べたりすることは、良きオーラマーキングを助けます。そこでキッチンやダイニングスペースに、穢れを寄せ付けないための秘儀をご紹介しましょう。

とくに火や水を使うキッチンでは、乱れがちなエナジーを整えるというスピリチュアルな実践が役立ちます。衛生や安全に注意する現実的な行動とあわせて、良き相乗効果が生まれるでしょう。

## キッチンに「盛り塩」

コンロ脇などに盛り塩をしましょう。火で乱れがちなエナジーを整え、事故防止の念を高めます。スペースがあれば、植物も置くとよりエナジーが清らかになります。小さい鉢植えで育てているキッチンハーブなどなら料理にも使えて便利です。

### 盛り塩のやり方

小皿、塩（海水から作られた天然の粗塩）を用意します。小皿に塩をのせ、円すい形に盛ります。量や形にはあまりこだわらなくて大丈夫。「護るぞ」という念を込めることが大事です。盛り塩は月に1回程度、替えましょう。

※お祓いで使う塩は、山からとれた岩塩や精製塩ではなく、海水から作られた天然の粗塩を使います。海の浄化のパワーがあるからです。日本の土地には日本産の粗塩が適しているので、できれば国産を選ぶといいでしょう。

## シンクの「お祓い」

汚れた水からはネガティブなエナジーが出るので、排水口の掃除はこまめにしましょう。放っておくとエナジーがよどみます。日頃の掃除に加えて、少なくとも月に1度は定期的に酒と塩で浄化を。排水口のまわりに塩（天然塩）をまき、それを流すように酒をかけます。塩はコンロ脇に置いておいた盛り塩を使ってもOKです。

また、洗い桶もエナジーがよどみがちです。食器が入っている、いないは関係ありません。食事が終わったら、またはつけ置きが終わったらすぐに食器を洗いましょう。水も食器もためておかないこと。洗い桶を使わない場合も、汚れた食器はすぐに洗って所定の位置に片付けると、いつも澄んだエナジーが保てます。

## 冷蔵庫の「お祓い」

整理整頓されていない冷蔵庫のなかからは、ネガティブなエナジーが発せられます。使い勝手が悪いと、いつのまにか賞味期限切れになったり、それも気づかずに放置されたりと、いっそう冷蔵庫内のエナジーがよどんでいきます。それではせっかく新鮮な食材を入れてもエナジーがダウン。こまめに掃除をして、見やすく、使いやすい状態を保つのがお祓いのコツです。

また、計画的に食材を使うことは、食べ物に感謝する気持ちの表れであり、新鮮なうちに食べることで、良きエナジーを食事に込められます。

## ダイニングで「塩水祓い」

家族で食卓を囲んでもなんとなく空気が重い。ここのところ家族にトラブルが続いている。このようにネガティブなエナジーで食事が楽しく進まないときは、塩水祓いでポジティブなエナジーに切り替えましょう。

塩水祓いはダイニングスペースがある部屋のすべての角（4カ所）に向かって行います。

### 用意する物

水を入れた小鉢／塩（海水から作られた天然の粗塩）／榊《さかき》を一枝（先端に葉を3枚ほど残す）

### やり方

1. 水を入れた小鉢に塩をひとつまみ入れ塩水を作る。
2. 榊の先端を塩水に軽くつける。
3. 葉先についた水を飛ばすように前方に振る。1カ所に対して、左方向、右方向、左方向の順で、それぞれ2〜3を行う。

# 邪気を祓う伝統の知恵

日本にはさまざまな行事があり、それにあわせるかのように伝統食とも言えるメニューがあります。おせちや七草がゆなどはその代表。食べたことがあるというあなたは、すでに「お祓いごはん」「成就ごはん」を実践しています。料理に込められた祈りのエナジーもいただいているのです。

日本人は生きながらの生まれ変わり文化を持ち、お正月から年越しまでのさまざまな年中行事を通して、豊かな感性と言霊で上手に切り替えています。ストレスの多い日常に潜む、邪気を祓う知恵を持っているのです。

お盆が終わったと思ったら、「次はお月見だからお団子を作りましょう」と季節の移ろいを愛でながら食も楽しむ。こうやって次々やってくる季節の行事をひとつひとつ大事にしていけば、「昨日のことはいちいち振り返ってもしょうがない」と常にリセットできるようになります。小さいことで悩んでいる暇もなければ、うつになることもありません。

昔ながらの行事と伝統食を大切に過ごしてみましょう。食のパワー、祈りと言霊の力をもらって、心丈夫に前へ進むことができるはずです。ほんの一例ですが紹介しましょう。

## おせち

パワーフードのオンパレードで「成就ごはん」そのもの。筑前煮の里芋やにんじん、れんこん、ごぼうは根菜類で大地のエナジー、昆布巻きは海のエナジー、栗きんとんに数の子など、どれをとってもパワー満点。しかもポジティブな言霊のパワーも詰まっています。「まめに働き、健康でいられますように」という黒豆。「よろこぶ」に通じる昆布巻き。見た目以上の栄養とパワー、力強い生命力を、体とたましいに与えてくれるおせちは、一年の始まりにいただく意味があります。できあがったおせちを買う人も増えたようですが、ぜひ1品でも、2品でもいいですから手作りのものを加えてみて。家族の和合となごみを実感するのがお正月。愛情のこもった手作りのおせちで、それを味わいましょう。ひとりで過ごすお正月も、ご先祖様や家族に思いを馳せ、続いてきた命の成就に感謝してください。

## 七草がゆ

お正月の締めくくりに食べる七草がゆは、食べ過ぎて疲れた胃腸を休める「お祓いごはん」。七草は和製ハーブのようなもので、豊かな香りは排泄を促進するとともにお祓いの意味もあります。おかゆはもちろんパワーフードです。

## おはぎ

春と秋のお彼岸にいただくおはぎは、パワーフードのあずきとお米で作られます。家族みんなで作ったおはぎを、墓前でにぎやかに食べれば、家族みんなが元気に生きていることをご先祖様に報告するいい供養になります。

## 冬至のかぼちゃ、あずきがゆ、ゆず

かぼちゃ、あずきがゆ、ゆず、いずれもパワーフードづくし。たましいを芯からほっこりと温めてくれます。ちなみに冬至のころに見る夢は、新年に向けてのメッセージが込められています。スピリチュアルな意味からすると、実は〝初夢〟はお正月ではなく、冬至に見るものなのです。パワーフードをいただいて、良い睡眠をとり、体調をしっかり整えれば、メッセージを受け取るアンテナの感度も良くなるはず。来るべき新しい年がどんな年か、何に気をつけたらよいかを、自分なりに夢から分析し、スピリチュアルなメッセージを受け取ってください。

## 年越しそば

そばは「細く長く」生きる成就のための縁起担ぎ。お祓いの意味も込めた年越し準備のさなか、忙しくても栄養のあるそばをサッと食べるのは昔からの知恵です。そばは米と同じように、これから育つエナジーを秘めたパワーフードです。

これ以外にも節分の福豆、桃の節句のハマグリのお吸い物、菱餅、ひなあられ、端午の節句の柏餅やちまき、重陽の節句の菊料理、七五三の千歳飴、あるいは地域に受け継がれる伝統食にも、お祓いや成就の思いが込められたものはあります。

節分で豆をまく行事は、「鬼は外、福は内」という言霊と、豆をまくときの音霊とあわせたパワーでよどんだ邪気を祓っています。

このように行事全体の意味を歳時記とあわせて調べてみると、伝統食を食べるときの気持ちも変わってきます。

行事を楽しむことができるのは、日々の暮らしを送ることができることへの感謝につながります。地域によって違う風習や文化もあるでしょう。自らのルーツを知ることもできるのではないでしょうか。

# 3

## 霊力を高める「成就ごはん」

# 「成就ごはん」でパワーアップ！

おいしいものを食べると、人は笑顔になり、心がわくわく、明るくなります。誰かと一緒に食べると、楽しくなります。それまで落ち込んでいても、心が前向きになる。これがすでにお祓いであり、「成就ごはん」です。

お弁当を作って、公園に行き、家族で食べるだけでも心が浮き立ちます。お花見などのイベントでなくとも、また豪華なお弁当ではなく、おにぎりを握って持っていくだけでも違うはずです。昔ならば、お墓参りに行くと、そこで家族みんなでお弁当を広げて食べました。ご先祖様も含めて一緒に食べているような感じだったでしょう。

シチュエーションが変わるだけで、また一緒にいる人との会話が弾むだけで、同じおにぎりでも「なんだか今日のはおいしいな」と感じたり、食欲が増したりするもの。

これらはすべて「お祓いごはん」であり、「祈りの作法」、そして幸せの「成就ごはん」の実践です。あなたが幸せの成就を果たすために大切なのは、たましいが歓ぶことだからです。

まずは「おいしい！」と感じるごはんを食べること。特別なご馳走である必要はなく、ごはんに味噌汁、おかずといった簡単な日々の食事でいいのです。

ここまでで、すでに「お祓い」と「祈り」を実践できたあなたは、きっともう日々の食事を「おいしい」と感じているのでは？　ならば「おいしい」と言葉にして言いましょう。言霊と音霊で、歓びはポジティブなエナジーとなってたましいに染み渡り、幸せの成就へ導きます。

そもそもお祓いをしなければ、成就はあり得ません。穢れたたましい、己を祓い浄めてこそ、力を存分に発揮できるのです。究極を言えば自分が聖なる状態ならば、憑依に怯《おび》えることはありません。成就への道もおのずと拓けます。

あなたは何も心配せず、自分に自信を持ち、前を向いて生きればいいのです。あなたはもう美しいオーラを放っています。生きるパワーがどんどん湧いてくるオーラの泉を、あなたはもう持っているのです。だからたとえ泥のなかにいても、たましいに栄養をうまく取り込み、美しい蓮《はす》の花を咲かせられます。

食べてお祓い、食べて開運！　体もたましいも歓ぶごはんが「成就ごはん」。

次ページからは、より意識を高めるための「成就ごはん」を詳しく紹介します。

# 実践！　運気を上げる「成就ごはん」

**食べて開運！　ポジティブな気持ちがぐんぐんわいてくる！**
**パワー満点の「成就ごはん」は元気の源。**
**たましいに滋養と活力を与えて幸せへ導きます。**
**あなたを支える食べ物に感謝する気持ちも忘れずに。**

**《成就ごはんのポイント》**

パワーフードに加え、滋養のあるもの、体を温める食べ物、飲み物を選んでみて。なかでも米（餅）、いも類、豆、貝、海藻、酢は積極的にメニューに加えたい食材。また、「まめに働けるように豆料理」など、言霊もポジティブパワーとなります。それぞれのケースに、とくにおすすめの成就フードと、それらを使った参考メニューも紹介しています。もちろんそれらは参考例ですので、自分で自由にメニューをアレンジしてごはんを楽しみましょう。ごはんで自らを整えたら、前向きさを後押しする護符で成就に向かいましょう。

Case 1

# 集中力ややる気を上げたいとき

仕事や勉強をもうひとがんばりしたいときに意識するキーワードは、疲労回復とパワーです。ポイントはいつもより少食にすること。実は満腹になると消化で疲れ、気は散漫になりがち。少しお腹が空いているぐらいのほうがたましいの集中力はアップします。

**成就フード▼** 酢・魚・豆・さつまいも

**ポイント▼** 酸味のあるさっぱりとした味つけは疲労回復につながります。いつものメニューにポン酢や大根おろしをそえるなどさっぱりさせるひと工夫をすると、やる気オーラに切り替わります。豆やいも類などに含まれる自然な糖質でたましいにパワーを。肉や魚はパワー源になりますが必須ではありません。食べる場合も少量でOKです。**参考例** 酢の物／酢豚／お魚ハンバーグ／豆ごはん／さつまいもごはん

## 護符の使い方

「生きる気力に満ちるように」と念じながら護符の線をなぞってください。家であればこの護符を柱や玄関に貼っておき、出先でパワーがほしい場合は、バッグに入れるなどして携帯しましょう。成就フードを日々の食事に取り入れた「成就ごはん」を続けながら、護符を見たり、携帯していると、次第に念が高まり集中していく感覚がつかめるはずです。注意散漫をとくに感じるときは、「成就ごはん」を食べる前に護符を見つめ、改めて念を込めてください。

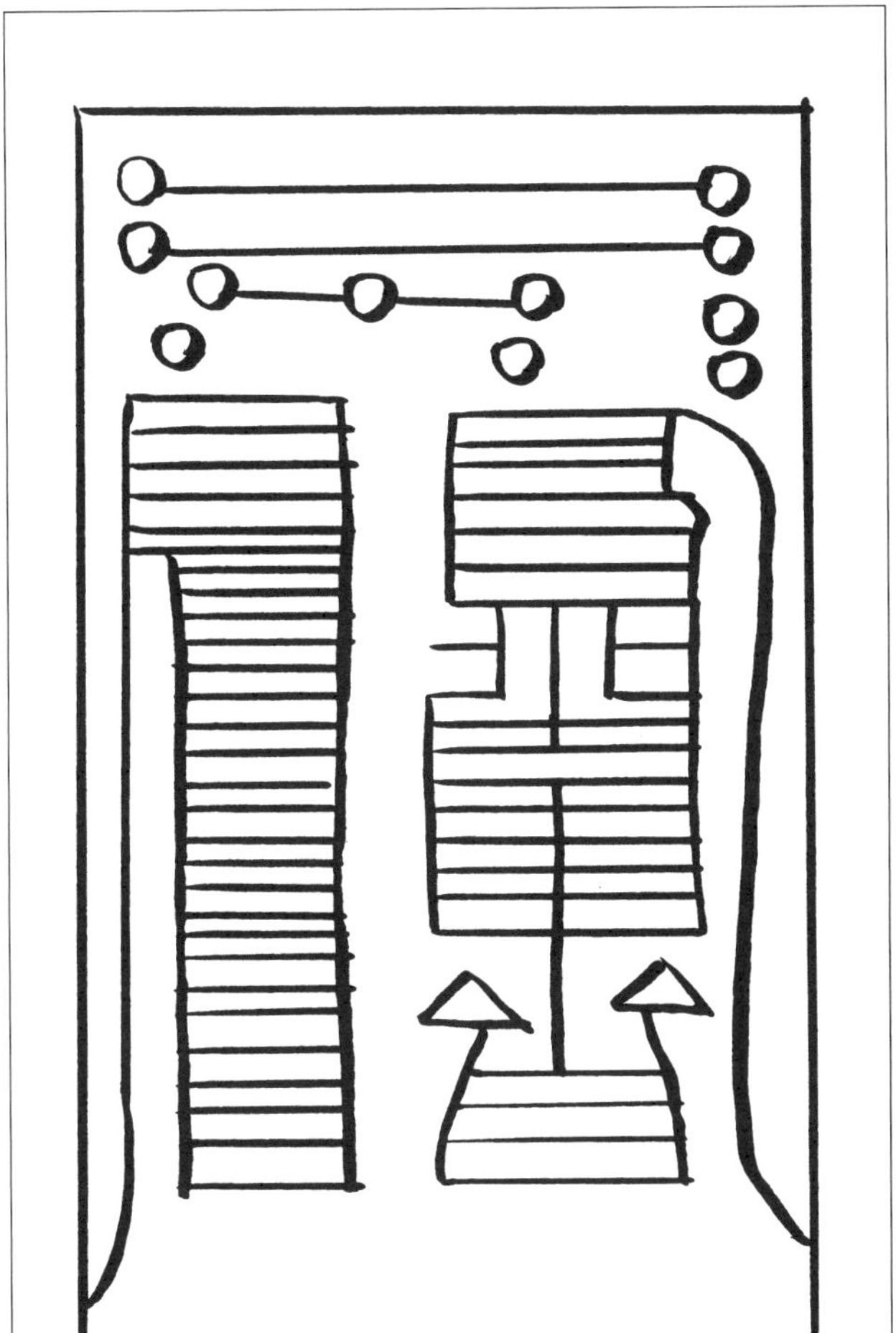

Case 2

# 良い決断をしたいとき

進路で迷ったときや大事な契約の前など、岐路に立ったとき、納得のいく決断をするために必要なのは冷静さとインスピレーション。たましいの目で真の道を見極めるには雰囲気や情に流されないこと。ときには勇気を持って撤退する決断も必要だと心得て。

**成就フード▼** 酢・米・根菜類

**ポイント▼** 迷ったときにハッと我に返る覚醒が必要。酢の酸味は冷静さを取り戻す力になります。少量でいいので加えてみてください。米は命の源であり、根菜類は土中でパワーを蓄えるパワーフード。情に流されない強いオーラをサポートします。また日頃から新鮮な食材を選ぶことを心がけて。本当に大事なものを見極めるインスピレーションを育みます。**参考例** ちらし寿司／もずく酢

## 護符の使い方

清らかな気持ちで護符の線をなぞってください。護符は常に携帯しましょう。自らの強い念を込めた護符が、日々の「成就ごはん」で得たパワーをたましいに蓄える力添えとなります。人の上に立って決断をしなければならないなどの場面でも、己の背中を押してくれるはずです。急に護符のパワーを借りようと思うのではなく、日頃から「成就ごはん」でたましいと体を整えておくことが良い決断を導きます。そのうえで迷いがあるときは、「成就ごはん」をいただいたあとで護符を見つめ、冷静さを取り戻しましょう。

Case 3

# 良縁を得たいとき

恋愛でいい出会いがほしいなら安心感が相手に伝わるよう落ち着いたオーラをまとうことが大切です。すると良い意味で自分らしさが発揮できるようになります。恋愛以外でも第一印象を良くしたい、いい仕事と出会いたいなどの成就が期待できるでしょう。

**成就フード▼** オリーブ・くるみ・ごま・松の実などの実

**ポイント▼** 丁寧な日常を思わせる滋味豊かな手作りの和食など、飽きない平凡なメニューがおすすめ。日常が安定していれば、オーラも安定します。「実を結ぶ」という言霊パワーを得るために実を取り入れてみて。実のままか、実からとったオイルでも可。しぼってもパワーは同じ。**参考例** ごはんと味噌汁とおかず／オリーブの実入りサラダ＆オリーブオイルドレッシング

## 護符の使い方

すでに良い縁に恵まれているつもりでパートナーと一緒に食事をとっているところなどをイメージしてみましょう。「成就ごはん」をつくってひとりで食べるときでも、相手のためを思ってつくっているつもりでシミュレーションすると、次第にオーラが変わっていきます。イメージをより高めるために、「成就ごはん」のあとで護符の線をなぞってください。

縁談が次々破談になる場合は、護符を市販の封筒に入れて封をし、邪気が入らないように封の上から九字を記し携帯しましょう。「成就ごはん」をいただきながら護符のパワーを感じてみて。だんだんとあなたの良きオーラが輝きを増してきます。

### 九字の切り方

1から9の順に「臨《りん》、兵《びょう》、闘《とう》、者《しゃ》、皆《かい》、陣《ちん》、烈《れつ》、在《ざい》、前《ぜん》」と言いながら、横線、縦線、横線・・・と記していく

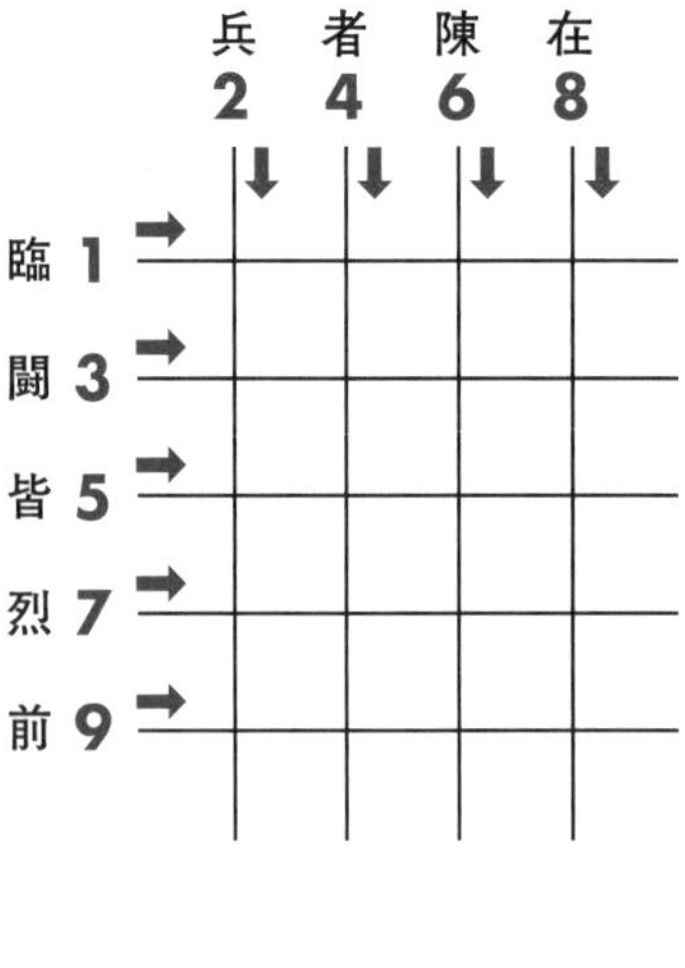

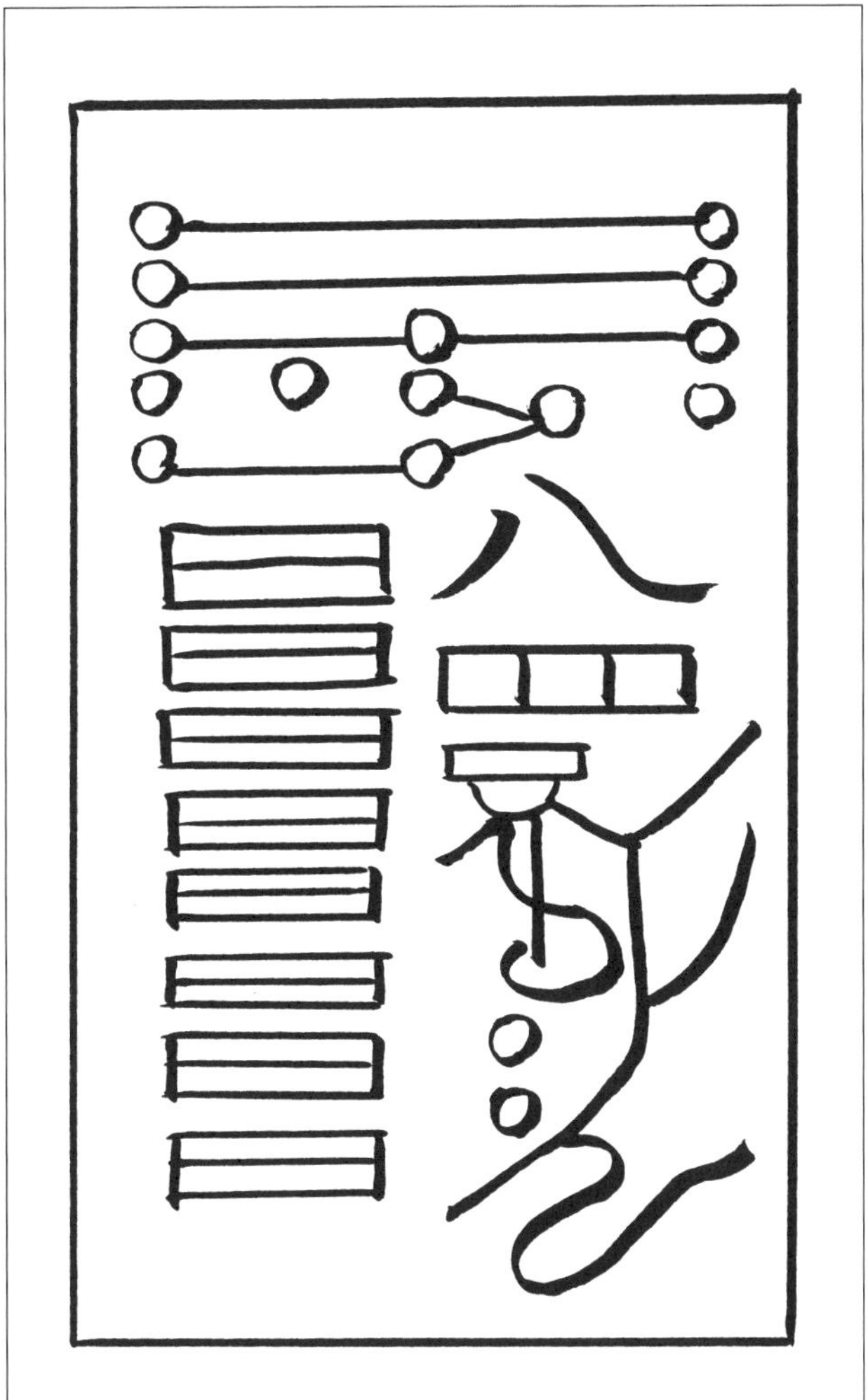

Case 4

# 恋愛や結婚を成功させたいとき

恋愛や結婚の成就には、家庭的なオーラをまとうことが必須です。自炊をし、掃除や洗濯、家の中を整える生活を続けていると、温かく大きな愛にあふれた家庭オーラが輝き始めます。そうなれば波長の法則で成就を引き寄せられるはずです。

**成就フード▼** チョコレート・鍋もの・貝・豆

**ポイント▼** チョコレートは古来、恋愛成就の媚薬《びやく》とされています。スイーツとしてだけでなくカレーに入れるなど隠し味のスパイスとして料理にも使ってみて。相手との和合エナジーを得るためには温かくにぎやか、家族みんなが揃って食べるメニューの定番、鍋ものを。育むエナジーが詰まったカキなどの貝や豆を入れると愛の育みパワーが得られるでしょう。**参考例** ホットチョコレート／ココア／海鮮鍋／豆乳鍋

**護符の使い方**

最近、お互いのコミュニケーションやふれあいが減ってきたと感じる場合、まずはパートナーと心や体のスキンシップに努めてください。そして成就フードを使った「成就ごはん」を作り、一緒に食べましょう。その上で成就の念を高めるため、護符の線をなぞってください。相手と一緒に食べられないときは、相手のためを思って「成就ごはん」を作り、一緒に食べているつもりで味わってから、護符の線をなぞってください。護符は枕の下に置いて眠るとよいでしょう。

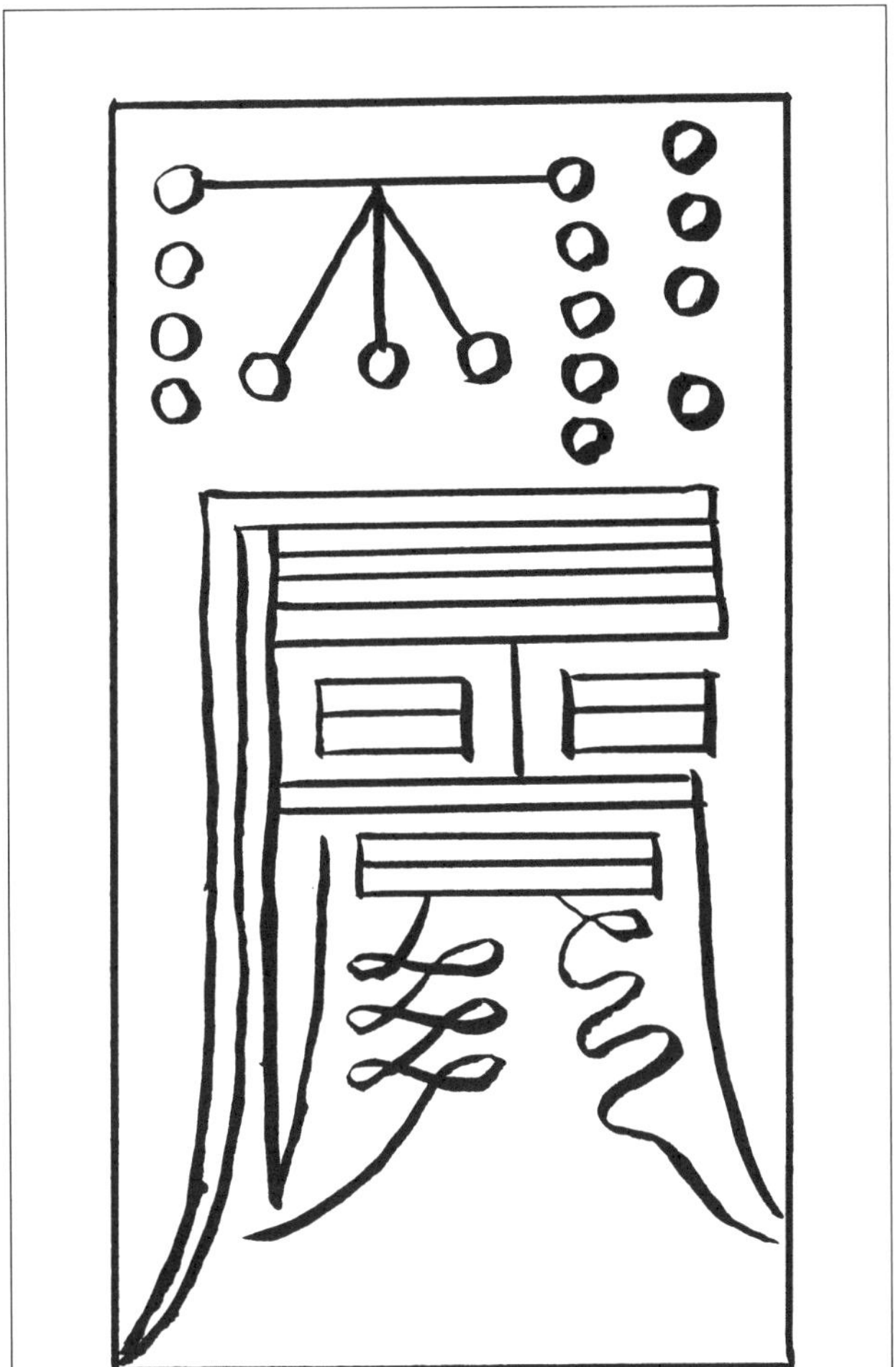

Case 5

# 対人関係を改善させたいとき

仲直りをしたい、誤解を解きたいなど自分からポジティブに対人関係を改善したいときは、勇気を持って心をオープンにし、コミュニケーションしましょう。大事なのは自分を良く見せようと思わないこと。相手の立場や気持ちを思いやる大我があれば、相手にも仲直りの気持ちはきっと通じます。

**成就フード▼** 小豆・大豆・餅米

**ポイント▼** キーワードは勇気と和合です。パワーフードが持つエナジーを勇気の源にし、みんなで一緒に作ったり、分け合って食べる行動で和合エナジーを育みましょう。手料理に込めたオーラはバラバラになった絆を取り戻す力になるので簡単でも手作りを。また温かいメニューならたましいにぬくもりが届きます。**参考例** 手作りのきなこおはぎ／焼いた豆餅

## 護符の使い方

最初から護符に頼るのではなく、うまくいかない原因をきちんと分析しましょう。冷静に分析して改善の努力をしたにもかかわらず、仲がこじれ、トラブルが立て続けに起きる場合、未浄化霊が憑依して状況を悪化させていることもあります。護符の線をなぞり、携帯するといいでしょう。そして護符にいっそう強い念を込めるためには、自らのエナジーを食で強化しておくことが大事です。仲直りの勇気が持てないときは、成就フードを取り入れたごはんをいただき、護符を携帯しましょう。ただし関係改善という結果を早急に求めすぎないことも必要です。

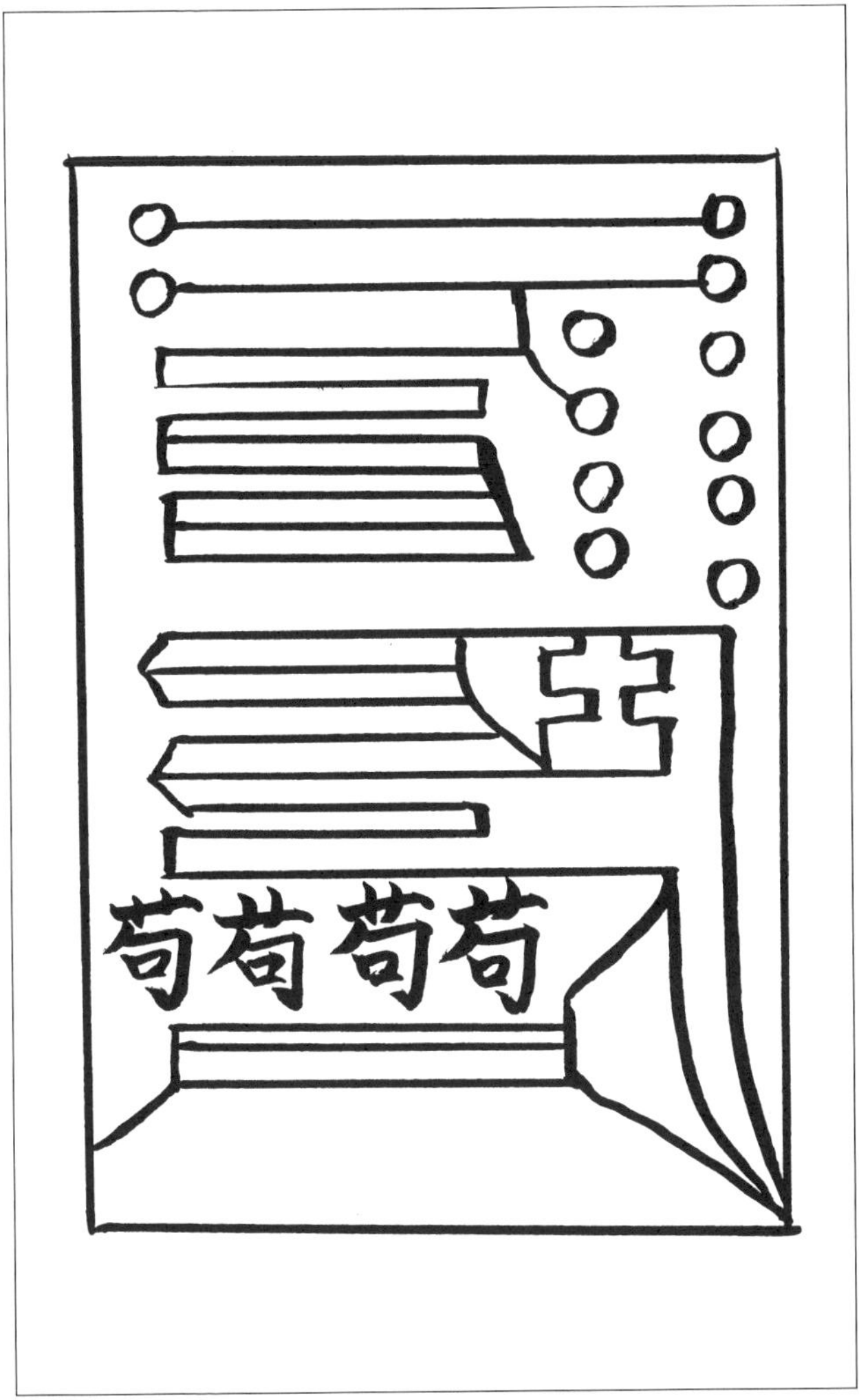
苟苟苟苟

Case 6

# メンタルを強くしたいとき

発表の場で緊張しないようになりたい、自信を持ちたいなどメンタル強化を望むなら、毎日の食事でお米はぜひ食べてください。生きる強さ、充実したパワーを蓄えるたましいの源です。また、体の中心、丹田を意識するのも大切ですから、ぜひ呼吸法の実践を。

**成就フード▼** 米・じゃがいも・山芋・オクラ・納豆

**ポイント▼** お米のほか、地中でしっかり栄養を蓄える根菜類、ねばねば系の野菜や食べ物を積極的にとると、たましいに粘り強さをもたらします。なかでも根菜は長期保存できるものが多く、エナジーをため込んでいます。その力がたましいに伝わり、土台を整えるように自信をつけてくれることでしょう。**参考例** 太巻き／肉じゃが／オクラ納豆そば

## 護符の使い方

自らのパワーを強化できるよう念を込めながら護符の線をなぞってください。その後、常に目につくところに貼っておきましょう。「成就ごはん」で己を育みつつ、日々護符を見つめ、念を込めてください。食と護符、フィジカルとスピリチュアル、両面からのアプローチで少しずつ着実に強化していきましょう。

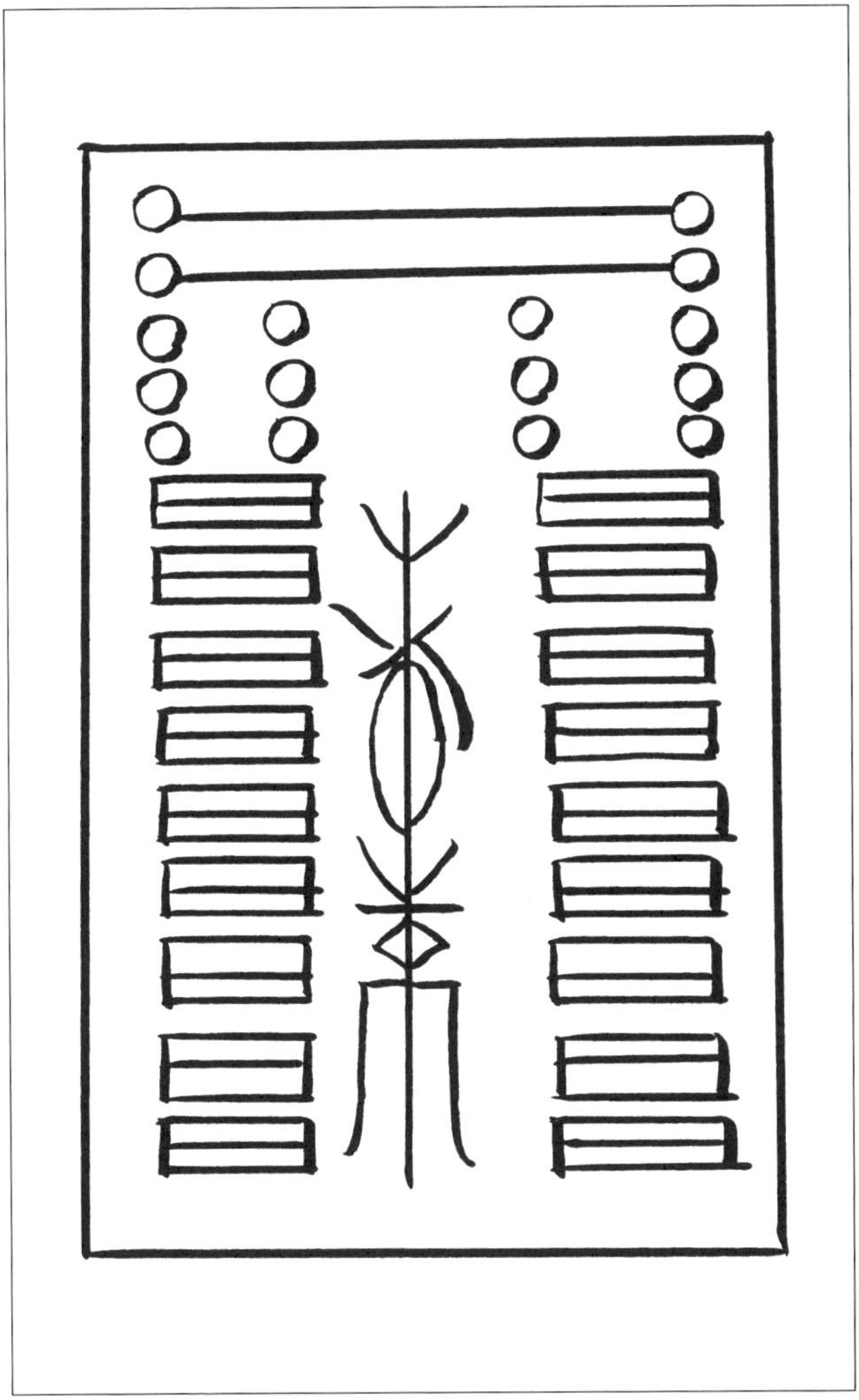

Case 7

# ここぞという勝負に備えたいとき

試験を控えているなど勝負時に大事なのは、実力を発揮するための底力。成就したときのことを想像して先にお祝いの食事をして念を高めたり、パワーフードを中心にして底力を蓄えて。勝負の直前は胃に負担をかけないことも必要。縁起担ぎやスタミナアップの意味でのカツ丼などは避けたほうが無難です。

**成就フード▼** 米・豆・とろろ昆布
**ポイント▼** 緊張で食欲がないときには、少量でもエナジーがギュッと詰まっているパワーフードを。とくに握って念を込めるおにぎりは日本の出陣メシ。母なる海で育った昆布から作るとろろ昆布はどんと構えるパワーを養います。少しの甘味は緊張をほぐし、たましいに元気を与えるので適度にプラスして。**参考例** 赤飯／おにぎりのとろろ昆布巻き／おしるこ／ココア

## 護符の使い方

成就したときのことをイメージしながら護符の線をなぞってください。その後、財布に入れて携帯しましょう。護符は折り曲げてもかまいません。勝負の直前になって行うのではなく、日頃から成就フードをこまめに取り入れるなど心身を整えておくことが成就には必須です。勝負の前日や当日、出陣メシとなるような「成就ごはん」をいただいたら、改めて護符を見つめ「力を発揮できますように」と念を込めてください。

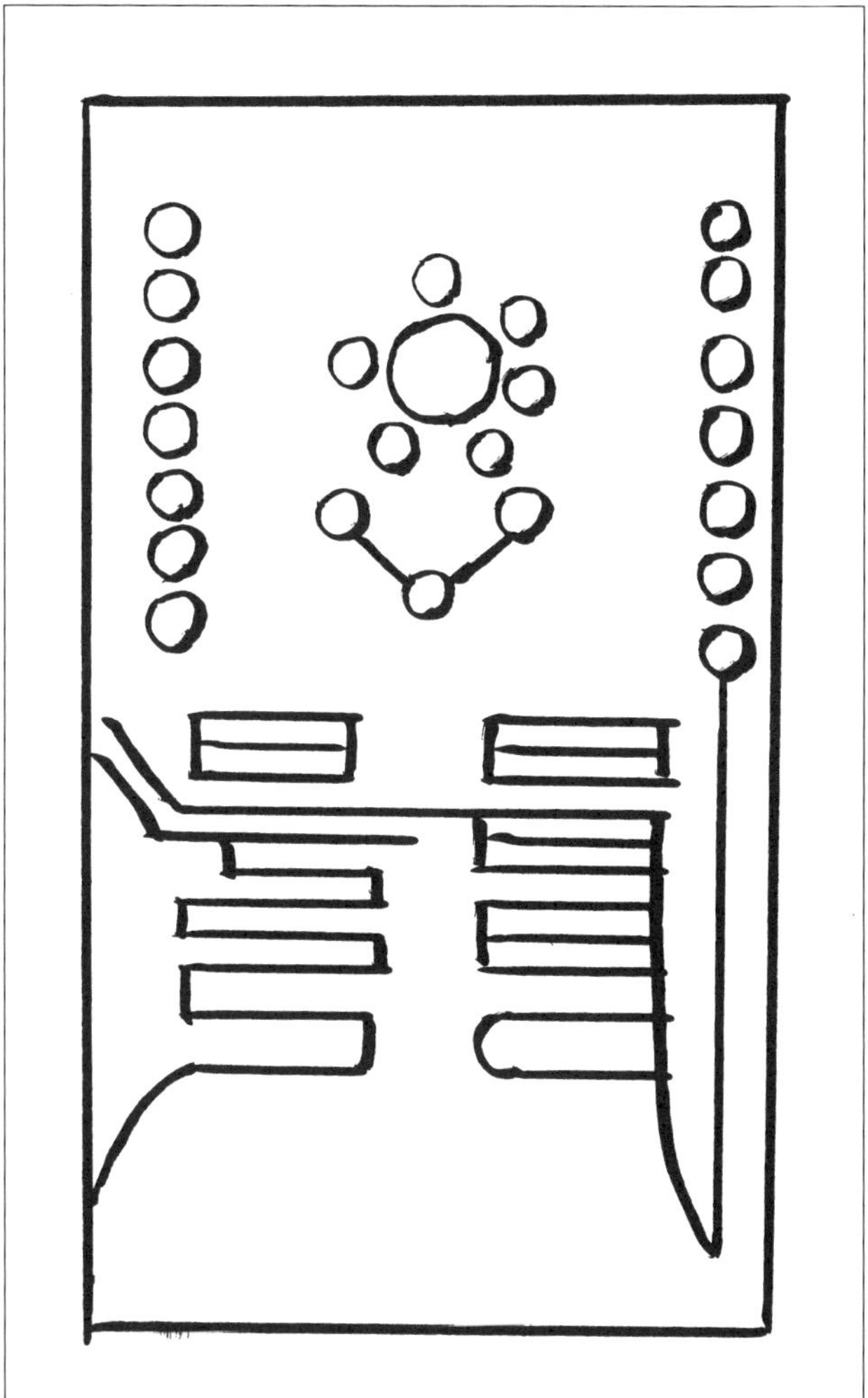

# 「成就ごはん」を活かす5つの心得

「成就ごはん」の実践と一緒に、たましいの土台作りを行いましょう。

5つの心得は「成就」へ導く最短コースです。

## 1 呼吸の心得

良きエナジーを取り込み、ネガティブなものは出す。体中にエナジーが行き渡るように吸い、そしてすべてを吐き出す呼吸は、たましいのデトックス、お祓いです。

呼吸の仕方ひとつで、たましいが幸せで満たされるかどうかが決まるといっても過言ではありません。呼吸が鍛えられれば、肉体的にもいいのはもちろんですが、スピリチュアルな面からも、祓う力がぐんとアップするからです。

呼吸を鍛えるといっても難しいことはありません。ちょっと意識するだけです。常にしている呼吸ですから、意識するだけで、日に日に鍛えられていくはずです。

基本となるポイントは2つ。

1つ目は姿勢を正すこと。猫背になっているなど姿勢が悪いと、呼吸が浅くなって十分なお祓いができません。いいものをたくさん取り入れたいなら、ぜひ深い呼吸ができるよう、軽く背筋を伸ばしましょう。

2つ目は鼻から息を吸って、口から吐く「鼻呼吸」を意識すること。鼻から深く息を吸うと、エナジーが頭から手先、足先まで全身に行き渡ります。意識して全身に行き渡るイメージを持つと、背筋も伸び、1つ目のポイントの良き相乗効果になります。吸うというのは人間の歓び。そして吐くことは落ち着きをもたらします。呼吸の意識だけでメンタルも次第にポジティブに、元気になっていくことでしょう。

「ひと息つく」という言葉があります。人はそのひと息でリフレッシュし、心持ちを立て直しているのです。不安や焦り、なんとなく落ち着かないなどネガティブなことを感じたときはもちろん、集中力が必要なときや、ここ一番の勝負時などポジティブな気持ちに切り替えたいときは、とくに姿勢を正し、呼吸を意識してみましょう。

たばこを吸う人は、たばこそのものが目的なのではなく、意識的に呼吸をしたくて吸っている場合が多いようです。たばこを吸うことを〝一服〟などといいますが、これもひと息つくのと同じです。今は時代的にたばこを吸う人も減ってきましたが、以前は忙しい人ほど喫煙率も高かったのではないでしょうか。休めないからこそ、たばこでひと息ついていたのでしょう。

でも健康のことを考えれば、本当はたばこをやめたいはずですよね。たばこ以外でひと息つけばいいのですから、いちばんいい方法は深呼吸をすることです。

また、たばこを吸う女性が少ないのは、おしゃべりが多いからかもしれません。おしゃべりしている間は息を吐きますが、吐ききると思い切り息を吸うことができます。つまりおしゃべりは、ロングブレスの深呼吸とも言えるのです。

次ページでは、肉体とたましいを整える鎮魂法、護りを強くする卵オーラ法、すぐできる簡単お祓い法の3つの呼吸法を紹介していますので、ぜひ参考にしてみてください。

# 鎮魂法

体とたましいをすっきり目覚めさせる呼吸法です。朝に行うとよいでしょう。

**1** 両方の足裏を合わせて座ります。おへその前でバレーボールのレシーブの形に手を組み、背筋を伸ばしましょう。

手のひらを上にして手を重ね、親指を合わせます。

**2** まず、鼻から大きく息を吸い、口から息を吐きながら、組んだ両手をぐるっと右回りに、10回、ひと息で回します。上半身も使い、体の前に大きな円を描くようなイメージで、1回ごとに両手でおへそに触れます。回数を数えるときは「ひ、ふ、み、よ、い、む、な、や、こ、と」と声に出しながら行いましょう。

**3** 再び、鼻から大きく息を吸い、口から息を吐きながら、組んだ両手を前後に10回動かします。前へ伸ばすときは前屈するように上半身も大きく動かし、元の位置に引き寄せたらおへそに触れます。こちらもひと息で、回数を数えるときは、「ひ、ふ、み…」で行います。

**4** 再び、鼻から大きく息を吸い、口から息を吐きながら、組んだ両手を上下に10回動かします。上げた両手が額に触れたら下げ、下げた位置でおへそに触れます。こちらもひと息で、回数を数えるときは、「ひ、ふ、み…」で行います。

**5** ❷〜❹までを1セットとして、3セット繰り返しましょう。

## 簡単お祓い法

怒りや悲しみなど
マイナスの感情を変えたい
ときに行いましょう。

1. 両足を肩幅くらいに広げて立ちます。

2. 息を一瞬止めたら、丹田に両手を当て、息を思い切り口から吐きます。深呼吸ではなく、肺活量検査のように手をお腹に当てたら一気に行いましょう。

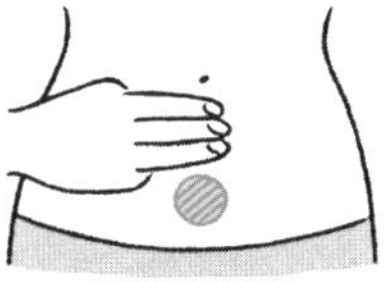

丹田＝おへその指3本分くらい下のところ。

## 卵オーラ法

オーラを強くしたい
ときに行いましょう。

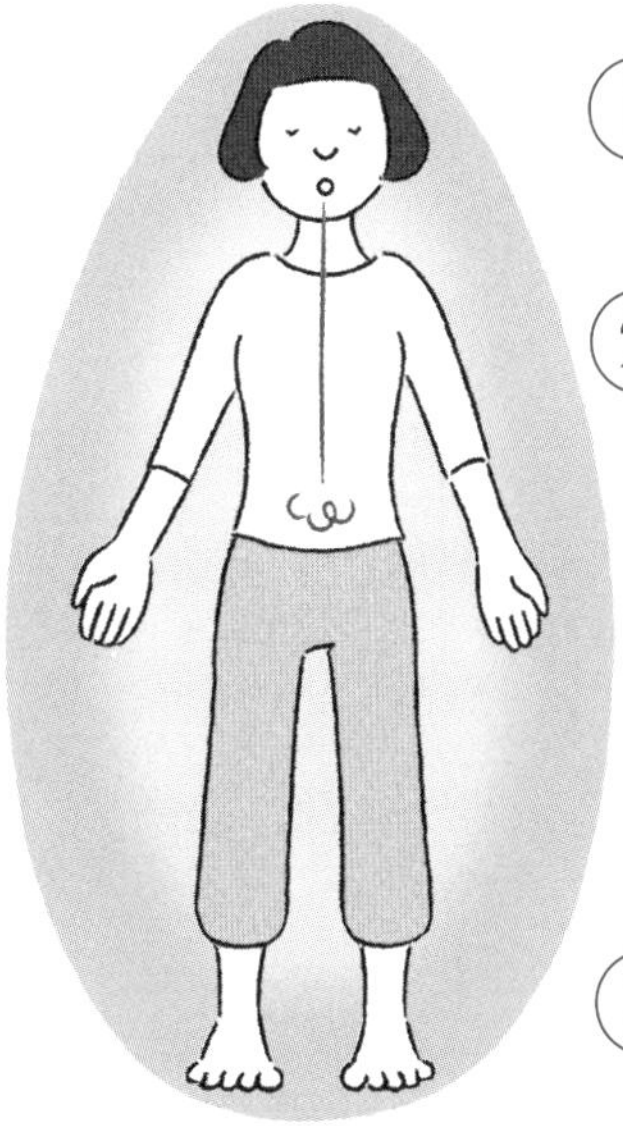

1. 両足を肩幅くらいに広げて立つか、椅子にゆったり座ります。

2. 鼻から大きく息を吸い、口から細く長く息を吐き出す呼吸を、3回、繰り返します。このとき、自分のまわりに卵の殻のようなオーラが張り巡らされるイメージを持ちましょう。1回目は体の前後、2回目は左右、3回目は全体といった感じで、丈夫で強い殻が自分を守ってくれる様子を思い描くことが大切です。

3. 3回目が終わったら、丹田に両手を当て、しっかり鍵をかけるイメージを持ちましょう。

## 2 睡眠の心得

スピリチュアルな視点で見れば、睡眠中のたましいは、たましいのふるさとへ里帰りしています。そこでエナジーをチャージし、自分を応援してくれる霊たちに見守られながら、これからの作戦を練り直す時間を過ごすというのがいい睡眠。

とくに人生の変わり目などは、とても眠くなります。いっそうの作戦会議が必要だからです。体も十分に休めることができれば、心身ともにすっきり目覚められます。

では、悪い睡眠になるとどうなるか。たましいが低級な世界をウロウロしてしまい、ヘンな夢を見たりします。いい睡眠なら関わるはずなどない、低級な邪霊に関わってしまうかもしれません。これではエナジーチャージどころか、体もたましいもかえって疲れてしまうでしょう。

いい睡眠にするには、寝る環境を整えることが何より大事です。

ベッドまわりにはパソコンやテレビなどの家電は置かず、スマートフォンも電源を切って遠ざけておきます。睡眠中は心身が無防備なだけに、たましいも電磁場などの影響を受けやすいからです。

代わりに植物を置き、自然のエナジーを補給するようにしましょう。

肌触りのいい、清潔な寝具やパジャマを用意し、心地よい状態で寝ることが大事です。また、カーテンや寝具など、寝室のインテリアには、グリーンやブルーなど落ち着いた色味を。目を閉じていても、たましいは色のエナジーを受け取ってしまうからです。くれぐれも、赤やショッキングピンクなど派手な色は避けて。

寝室はこじんまりしているほうが、落ち着いて眠れます。ワンルームで一人暮らしという場合なら、ベッドまわりを寝るスペースとして整え、リビングスペースと意識的に区切りましょう。

また、いい睡眠が得られるような肉体の準備も大事です。寝る直前に食べてしまうと、体は睡眠よりも消化活動に向いてしまい、いい睡眠にはなりません。お腹が空きすぎると眠れないというのは、思い込みの可能性もあるので改めてみて。

人間関係でイヤなことがある、悩みごとがあるというときは、食べることをあとまわしにしてでもとにかく寝ること。それもいい睡眠をとることです。たましいのふるさとに帰ってしっかりお祓いをし、またこの世に戻ってきましょう。

## 3 入浴の心得

古くから禊ぎとしての水があるように、水はお祓いに欠かせません。人間の体の多くは水分であることを考えても、私たちは水との親和性が高いのです。

なかでも入浴は外からのデトックスであり、日常のネガティブなエナジーを祓うために、必要不可欠なものです。

スピリチュアルな視点からみれば、入浴によってあらゆる毛穴が開き、汚れたエクトプラズムを出すことができます。

エクトプラズムというのは誰もが持っている生命エナジーで、ストレスが溜まったり、疲れたりしているときはエクトプラズムも汚れています。そのままにしておくと、新鮮なエナジーを取り込めないので、ますます疲れがたまっていくのです。

運動をしたり、辛いものや温かいものを食べたりして汗をかくのもいいですが、入浴は水によるお祓いの意味もありますので、とても大切です。

体の汚れを落とすだけでなく、体の芯まで温まって毛穴を開くことがたましいには重要なポイント。シャワーですますことなく、ぜひお風呂に浸かってください。

そして、お風呂に浸かっている間は、スマートフォンやポータブルテレビなどは観ずに、静寂と沈黙のなかで自分をリセットしましょう。

私は滝行の経験があります。滝行によって心身が鍛えられたとは思いますが、そこで感じたのは水の力、「水が助けてくれた」という思いです。ですから私は今でも1日2回の入浴を欠かしません。毛穴を広げて、代謝を上げ、デトックスを意識しています。ですから、みなさんにおすすめするのも、やはり入浴なのです。

入浴は体を温めますし、それによる免疫力のアップも期待できます。

どんなに忙しくても、短時間でいいのでお風呂に浸かりましょう。嫌なことがあったとき、疲れているときはとくに祓い浄めることを意識しながら、じっくりと汗を出すことです。

## 4 インスピレーションの心得

スピリチュアルな世界は、まるでスーパーコンピュータのように、必要なメッセージを必要なタイミングで送ってきます。それが私たちにどうやって届くかというと、友人や家族からの言葉だったり、たまたま手に取った本のなかの一文だったりします。

メッセージをしっかりとキャッチするためには、インスピレーションという自らのアンテナを磨くことが重要です。

といっても、やることはとても現実的。まずはオブザーバーとなるような友人や家族、周囲の人たちとの関わりを大事にすることです。

「なんでそんな乱暴な言葉を言うの?」「このごろ態度がおかしいよ」「落ち込みすぎだよ。大丈夫?」「最近、鏡見てる? 表情がなんだかヘンだよ」

友人や家族、同僚たちがかけてくれるそんな言葉は、すべてあなたにとって必要なメッセージです。

かけてくれた言葉にハッとして我に返ることで、お祓いになるのです。

そのチャンスを無駄にせず、メッセージを受け取るために、そして劣悪な人生に陥らないためには、人とのつながりを持つことが誰にとっても必要です。

波長を下げないために、また自分が自分でいるために、そして下がった波長を上げるために、周囲の声に耳を貸し、素直に聞き入れてください。

フィジカルな方法もあります。それは頭を使わず、頭とは逆の足を使うこと。おすすめはウォーキングです。

とくにクヨクヨと悩みがちなときは、何も考えずに、まずは歩きましょう。

使い過ぎた頭を休めることで、腹立たしいこと、ごちゃごちゃとした考え、すべてに整理がついていきます。悩んでいるときは胃腸の動きもよくありませんが、歩くことで内臓の血流がよくなり、胃腸の働きもよくなっていきます。

フィジカルな取り組みも、ふだんからしているとインスピレーションが磨かれ、メッセージもいっそう受け取りやすくなります。

## 5 食事時の心得

人は他人の想念によって食べてしまう場合があります。憑依と言ってもいいでしょう。憑依というのは、人格というたましい、霊だけではなく、人の思《おも》い御霊《みたま》というのもあります。「食べるぞ!」という思いを持っている人のそばにいると、その憑依を受けるのです。

例えば、中華街など飲食店が建ち並ぶ場所に行ったとき、さほどお腹が空いていなかったのについ食べ過ぎてしまった。立食パーティの会場で、屋台がたくさん並ぶ縁日で、同じように思った以上に食べてしまう。これはまわりにいる「食べよう!」「食べたい!」という人の想念に影響を受けたからです。

こうした憑依を受けないためには、２つのことを守りましょう。まず食事の時間を人とはずらすこと。そしてたくさんの人が集まる食事エリアには行かないことです。

ランチタイムなら13時～14時ぐらい、人がお腹いっぱいに満たされた状態で店から出てくる時間帯を見計らって食べましょう。きっとさほど食べなくても満足感が得られるはずです。実際に、忙しくて12時頃に食べ損ねてしまうと、14時頃になって「もう、お昼ごはんはちょっとでいいかな」などという気分になります。空腹なはずなのにあまり食べる気にならないのは、こうした理由があるからです。

食べたい人がたくさん集まる場所へ行かないほうがいいのも、同じ理由です。フードコート、ビュッフェスタイルの店、飲食店がたくさん並ぶエリアなどはなるべく避けましょう。

# お祓いごはん
# 成就ごはん
# Q&A

あなたが生活を変え、食事を変える一歩を踏み出すために、「お祓いごはん」「成就ごはん」の実践にまつわる疑問に答えます。

Q

# 濃い味でないとおいしく感じません。何をすれば？

A

## 自炊をするところから始めましょう。

濃い味つけになれてしまって、味覚が鈍くなっているのではないでしょうか。味覚を取り戻すためにはまず自炊をし、薄めの味つけになれていくことです。

飲み物を飲みながら食事をすると、水分でより薄味になってしまうので、お茶などはなるべく食後に飲むようにするといいでしょう。

おすすめしている和食は、煮る、蒸すなど、もともと水分の多い調理法がメインです。ごはん自体も水分が多いですよね。ですから食事中に改めて水分をとらなくても、それほど食べにくいとは感じないのではないでしょうか。もちろん、飲み込みにくさを感じているときは、誤嚥《ごえん》を防ぐ意味でも水分をとるようにしましょう。

お味噌汁は、カツオや昆布、煮干し、しいたけなど天然のだしで作ってみて。

とくに旬の野菜、本物の野菜の味は、味覚の基準となります。具材は農薬や肥料を使わない自然農法で作った旬の野菜を、できるだけ選びましょう。虫がついている野菜を嫌がる人もいますが、虫が食べるということはそれだけ安全だと言われることもあります。ですからぜひ虫食いのある野菜も選んでみてください。

1カ月くらい続けると、味覚は変わってきます。そして以前のものを食べると「え、こういうのをおいしいと思っていたんだ!?」と愕然《がくぜん》とするはずです。

また、お祓い断食を実践すると、味覚のリセットにもつながります。

断食後に味覚やにおいに敏感になって、いつものお米が前よりも甘く感じるようになった、外食の味つけが濃すぎる、市販のスイーツが甘すぎるとわかって苦手になったという人もいます。

健康のために薄味を実践して挫折《ざせつ》する人もいますが、お祓い断食後なら、本来の味覚を取り戻し、スムーズに薄味な食事を実践できるのではないでしょうか。

Q

## お肉が大好きなのですが、食べないほうがよいですか。

A

## デトックスまで含めてトータルで考えましょう。

間違えないでほしいのは、肉食が絶対いけないわけではないこと。自然に育った良質なお肉を選ぶ必要がありますが、実際に、お祓いに関わる体力を考えれば、ある程度お肉をいただくほうが跳ね返す力は出るように思います。

とくにストレスで食べられなくなる人は、お肉の力を滋養として入れることも必要かもしれません。一方で、私のようにストレスを受けても「なにくそ！」という力が湧く人は、お肉の力を借りなくてもいいようです。私は今、あまりお肉をいただいていませんが、会食でお肉が出るときは食べますし、ストイックに避けてはいません。

お祓い断食で引き算の食事を実践するときも、ムリにお肉を断つのではなく、例えば良質なものを、少しだけ食べるという視点でとらえてみてはいかがでしょうか。

体や環境のことを考えて、添加物や農薬に気をつける場合も同様です。

「添加物が入っていないと思って食べたけれど、実は入っていた。どうしよう⁉」と思ったりするのは、ストレスですね。友だちや仕事の付き合いで大事な会食があったりするときに、「私は無農薬野菜しか食べません」というわけにもいきません。体にストレスをかけないための「お祓いごはん」なのに、これでは本末転倒です。

どうしても食べたいときや、選べない状況では、「まぁいいや」と食べてしまえばいいのです。神経質になって食べないのはかえって心が不健康。会食で大事なのはテーブルを囲む人との和合であり、それを大事にするほうが心は健康になります。

私はこれをクジラ法と呼んでいます。クジラは大きな口を開けて、プランクトンや小魚を海水とともに一気に飲み込みます。プランクトンだけを食べたいと思っても、そこにイワシやサバが泳いでいたらより分けることは不可能。一緒に飲み込んでしまうでしょう。それと同じです。ときには食べたいものを食べてもいい。その後に、ちゃんとデトックスまでトータルで考え、また「お祓いごはん」に戻れば大丈夫です。

それにたましいには歓びも必要。ゆるみのない窮屈な人生では意味がありません。せっかくこの世に生まれて、食べるという歓びがあるのですから、それも楽しんで。

Q

# 疲れてパワーが出ないときは何を食べればいいですか。

A

## たましいの疲れに効く開運食を食べましょう。

忘れてはならないは、自らで祓うという強い念を持てるだけの体力を、自分が持つこと。そのためにはたましいを癒し、疲れているときは滋養のある食べ物でいたわることが重要です。例えば、疲れたときに甘いものを食べてホッとする瞬間というのはあります。もちろん食べ過ぎはよくありませんが、デザートというようなお楽しみが癒しにつながることも。そんなときは、はちみつやさつまいも、お米など、自然な食材本来が持つ天然の甘味がおすすめです。

また、食事ならばぜひ温かい鍋を。満足感があるうえに、料理が苦手な人でも失敗なく作れます。そして、体を温めることは邪気祓いになります。鍋はいろいろな種類の具材を入れるので栄養バランスに優れています。パワーフードを選べば、たましいの滋養にもベスト。さらに元気が欲しいなら、お肉やお魚を入れてもいいでしょう。

市販のだしや、鍋の素で簡単に作りたいと考えるかもしれませんが、ちょっと待って。たましいの疲れに効かせる効果的な方法をお教えしましょう。それはだしを取ること。ほんのひと手間かけるだけで自らを癒す念が強まります。それも億劫なほど疲れているなら水炊きなど具材を多めに入れましょう。さまざまな素材から出るだしを利用すれば、十分おいしくいただけて、食材のパワーも豊富になります。

味つけは、味噌や醤油のほか、麹を入れた粕汁、究極の手抜きなら良い素材で作られた無添加のちょっといいポン酢につけて食べるだけでもＯＫ。栄養価だけでなく、たましいの疲れを癒すには、より自然な素材、味つけでいただきたいものです。

よく精のつく食べ物といいますが、夏バテのときに鰻などを食べて元気になる人もいれば、強すぎて逆に参ってしまう人もいます。たましいが疲れていたり、肉体的に弱っていたりするときは、まず中庸、つまりフラットなレベルに持っていくことを考えて。ピンポイント的に卵や肉などを食べて精をつけることが合っている人もいますが、旬のものやパワーフードは少量でも強いエナジーを持っていますから、それでも十分です。

Q

## 記憶がないのに食べ散らかした形跡があります。

A

## 憑依による過食の可能性あり。お祓い断食で除霊を！

過食で悩む人のなかには、自分が食べているときの意識があまりない人も。気がついたら食べていた、食べた形跡はあるのに記憶がないなどは憑依の可能性大です。

実は多くの未浄化霊たちは「おなかいっぱい食べたい」という未練を持っています。特に現代は、病気で入院し、最後に食べたいものを食べることができないまま亡くなる人がほとんど。「白いごはんをおなかいっぱい食べたかった」「最後にお寿司が食べたかった」という霊たちの声を、私はたくさん聞いています。

人間の執着のなかでいちばん大きいのは、食べ物への執着です。お腹が満たされていてもスイーツを「別腹」で食べたり、「この仕事が終わったら、アレを食べに行くぞ」と思えば、急にエンジンがかかったりすることも。食べ物ひとつで、やる気だってまったく変わってくるほどです。

では、食べ物に未練を残して亡くなった霊はどうするかというと、死んだ後に憑依してでも食べようとします。私自身、あるとき天丼が無性に食べたい時期がありました。食べてもまた食べたいと思ってしまい、結局、1週間毎日、天丼を食べました。気づいたのは天丼が好きな知り合いの命日が近かったこと。1週間食べ続けた結果、その霊は一緒に食べた気になって満足したようで、私の天丼への食欲も消えました。

こうした憑依を除霊するのに効果的なのが〝お祓い断食〟です。霊と一緒になって食べ続ければいつか霊が満足して離れていくかもしれませんが、それでは生身の人間は体を壊してしまいます。自分が過食傾向にあり、思い当たる人は、ぜひお祓い断食ベーシックを実践しましょう。食を断ち、食欲をいったんリセットし、祓うのです。

亡くなった人の供養についてお話ししておきます。亡くなって1年くらいはその人の好物をお供えしてあげましょう。「好きだったよね。たくさん食べて」と。

その思いで霊は食べた気になります。と同時に「1年までだよ」とも言い添えて。亡くなった人が浄化の道を進むには、この世への未練を断ち切らねばなりません。期限を告げてそのこともきちんと伝えてあげるのが愛であり、真の供養です。

Q
## なんとなく物足りなく、つい食べ過ぎてしまいます。

A
## ニセの食欲をリセットする方法を身につけて。

いつもごはんを食べている時間だから食べる。

小腹が空いたから食べる。

なんとなく口寂しいから食べる。

こうした経験がある人も多いでしょうが、それはニセの食欲によるものかもしれません。言い換えればニセの〝欲求〟。「腹ぺこでもう我慢できない！」という状態ではなく、なんとなく物足りない〝気分〟を、食で補おうとしているだけかもしれないのです。

お腹いっぱい食べた後、「なんとなく物足りない。甘いものでも食べたいな」というのは空腹からくる食欲ではありませんよね？　体は欲求していないのですから、ニセの食欲であり、妄想です。

妄想だから尽きない。なんとなく物足りなくて一口食べたお菓子が、呼び水になってどんどん食べ続けてしまうことだってあります。このコントロールできない状態はもはや憑依と言ってもいいでしょう。

「口寂しいからたばこを吸ってしまう」のと似ているかもしれません。本当は吸う必要がないのに、何かの代償行為としてたばこを吸う。それが仕事のイライラなど、ストレスが原因ということも……。

代償行為としての「食べること」「たばこを吸うこと」は、どちらにせよ必要のないこと。人によっては「お酒を飲む」「買い物をする」という形に表れることもあります。注意深く自分の食欲が、本物かどうか、まず考えてみてください。

こうしたニセの食欲をリセットするのに役立つのは、〝お祓い断食〟です。まずは本当の空腹がどういうものかを、お祓い断食ベーシックによって体感しましょう。そうすれば、ニセの食欲との違いが明確にわかります。

お祓い断食後は、間食をやめ、食事と食事の間をあけるように生活を整えれば、本当の食欲によって食事を食べられるようになるはずです。

特別付録

# たましいを癒す「読むごはん」

良き言葉はあなたの心を養う栄養。
いわば、たましいを癒す「読むごはん」です。
あなたのために28の「読むごはん」を用意しました。
食事のたびに本書を手に取り、次の方法でページを開いてください。
フィジカルとスピリチュアル、両面からパワーが湧いてくるでしょう。
❶巻末（189ページ）のナンバー表を前にして、静かに目を閉じる。
❷目をつむったまま表を指さす。
❸指に触れた数字と同じ数字が記載されたページを読む
（各ページの右上もしくは左上をチェック）。
断食中の場合は、水分を摂るときなどに行ってください。

1

## 人間関係

現世の人々はみな、人間関係に苦労しています。
しかし、その苦労は人の心を知り、
より愛を深め成長するために必要なことなのです。
そして、その学びの成就こそ、より高い人格となり、
より愛し愛され、幸せになる道なのです。

2

## 無欲

疲れ、意欲を失ったら、無欲になることです。
力を抜いて投げたボールが飛ぶように、
実は無欲にはパワーがあるのです。

3

## 不平不満

運命の扉は、重い腰を上げなければ開きません。
不平不満を言っているうちは、まだまだ意欲がないのです。
口で言うだけで本当のところは何となく満たされています。
ですから、その不満も言葉遊びに過ぎないのです。
ちょうど空腹を感じるのと似ています。
本当にお腹が空いてつらくなれば、
味の良し悪しなど関係なく、
すべてのものがご馳走になるでしょう。

4

## メッセージ

ときに意欲がみなぎらないことがあるものです。
そこにも実は、大きなメッセージが宿っているのです。
あるときは、今後のために心身のメンテナンスが求められていたり、
「冷静に自分自身の足元を見つけるとき」と告げられていたり、
「今は落ち着いて時を待ちなさい」ということだったり。
そのどれであっても、まずは自己を内観して、
もたらされているメッセージの意味を探りましょう。

# 5

## 視点

ありとあらゆるネガティブな思考に囚《とら》われている人に告げます。
幸せの元は、視点にあります。
ネガティブなことのすべては、視点を変えれば利点となるのです。
そのことをしっかり理解しましょう。

6

## 癒し

癒しが得られないときのオーラは、
幽体のオーラが精神のオーラに優《まさ》っている状況にあります。
簡単に言えば、天に心を委ねることができず、
戦々恐々と生きている状況なのです。
そんなときは、自然のなかに身を置いて、
深呼吸してリラックスしましょう。
美しい景色や花を見たり、動物の営みを見るのもよいでしょう。
そして、丹田に手を置き、瞑想をしてください。
すると、エナジーが調和していくことが理解できるでしょう。
これを日頃より心がけ、就寝のときにもこのイメージを持ってください。

7

## 類は友を呼ぶ

幸せな人が近くにいるということは、
「波長の法則」であなたも幸せを創れるという予兆でもあるのです。
それをネガティブな感情で逃さないようにしましょう。
まわりの幸せは、あなた自身が幸せになる予兆と喜ぶのです。

8

## ご縁

人は、知らずしらず自分に都合の良い解釈をしがちです。
狭い視点でこだわらず、よく世間を見渡して、
広い視野で人の絆と営みを知りましょう。
あなたにふさわしい絆とは何か、
人と結ばれる目的をしっかりと理解できれば、
「輝くオーラ」を放てることでしょう。

# 9

## 自律

相手のことがどんなに好きでも、
あなたは絶対に安易な存在になってはいけません。
別れたくないがために真実を曲げていても、
必ずその歪みは大きく自分に還ってきます。
幸せの秘訣は、依存することなく「自律と自立」をし、
真実の光に照らして生きることなのです。
それができる人ならば、その価値がわかる人との
素晴らしい恋愛が成就します。

10

## 穢れ

生きることの醍醐味は、どのような失敗があっても、生きているうちに新たなる未来を築けることなのです。生きていても、心が亡霊のようになると生気が失われます。オーラも汚れます。自分の大切な人生を不幸のほうへ向けてしまうのです。過去にしがみつかず、未来に羽ばたきましょう。

11

## 愛

真実の愛は、見返りを求めるものではありません。
愛は、共鳴していくもの。
無償の愛が無償の愛に共鳴し、
愛を進化させ、共に成長を遂げるものなのです。

12

## 気づき

つらいことがあると、みな途端に大騒ぎしますが、
誰だってつらいのです。でも、つらいことがあるからこそ、
己を知り成長することができますし、幸せにも気づけるのです。
大切なことを忘れてはいけません。
あなたは気づいていないかもしれませんが、
多くの人の助けがあったからこそ、ここまで生きてこられたのです。
いつも助けられていたのです。

13

## 想い・味わい

得意であることや上手であることと、想い・味わいは別物です。
何事も器用で簡単にできる人よりも、
苦手な人が愛する人のために努力をして成すことには
その愛の想いと味わいが宿ります。
人はたましいの存在です。その真心は伝わるのです。
反対に、怠惰な人には、美しいオーラが輝きません。
努力の想いと行為こそが、輝くオーラを放つのです。
そして、そのオーラの輝きに愛と幸せが集まるのです。

14

## お金

お金は、現世を生きるための「道具」に過ぎません。
蓄えることだけに精を出しても、それはただの物です。
お金は心の秤《はかり》。お金の使い方には、人の心が顕れます。
そこにもメッセージがこもっています。

15

## 成長の証し

愛は、一発勝負の博打ではありません。
過去の愛の積み重ねが、
よりいっそう輝く未来の愛を創るのです。
過去の愛も、未来の愛のなかに生き続けるのです。
その事実を知るべきなのです。

# 16

## みちひらき

この世には「運命の法則」が働いています。
あなた自身の手で人生は変えられるということです。
そのためには視野を広く持ちましょう。
いくら情報ばかりが多くても、
自分が狭い世界に生きていれば、
思考の広がりも得にくいものです。

17

## 感動

現世は、誰もが自身の未熟さをあぶり出し見つめる場所。
日々の営みを通して、自分の長所・短所を見つめる旅なのです。
そして、そのために成長を遂げられるのです。

こう考えてみてください。

なぜ、人は登山やスポーツをするのでしょう？
苦しく険しい道です。その険しさを通して、
たくさんの感動が得られるのです。

18

# 因・縁・果

自分がしたことは、よきことも悪きこともいつか自分に返ってきます。
誰ひとり見ていなくても、うまくごまかせたと思っても、
全部カルマになってしっかりとたましいには記録されます。
カルマはどのような形をとっても、必ず返ってきます。
来世に持ち越されることも少なくありません。
このことをぜひ忘れないでください。

19

## 損

人に対する嫉妬ほど無意味なものはありません。
誰かに嫉妬を覚えるときというのは
相手の表面しか見ていないものだからです。
華やかに見える人、成功している人の陰には、
必ずそれゆえの苦労や、そこに至るまでの努力の蓄積があります。
そのすべてを羨ましいと思えるのかどうかを冷静に考えれば、
いたずらな嫉妬心など湧かないのではないでしょうか。

20

## 注意

スピリチュアルな法則の上では、
思い、言葉、行為のすべてがカルマになります。
ネットに悪口や嘘を書いた人も、
迎合して盛り上げたり、笑って読んだりした人はみな、
書いた人と同類なのです。

21

# 絆

友達は数ではないのです。
人間には心から打ち解けあえる友達が数人いれば十分です。
もっと言えば、親や親に代わる人との確かな絆さえあれば、
それが強力な「愛の電池」となって、
一生を生き抜く力になります。

# 22

## ことたま

言葉には「言霊」というエナジーが宿っていて、
相手の心を喜ばせもすれば、傷つけもすることを忘れないでください。
それでも誤解を受けた場合は、相手に直筆の手紙を書くのが一番です。
手書きの文字で、心からの謝罪と自分の真意を伝えるのです。
どんな誤解も、いずれは必ず解けます。
生きている間に解けなくても、あの世へ帰れば必ず解けます。

23

## 武器

明るさと笑顔は人生最大の武器です。
この二つがあれば、自分に寄せられるどんな邪気もはね返せます。
「波長の法則」によって現実もどんどん好転します。
「今はつらくてとても笑えません」という人も、
極力、悲しい顔だけは見せないこと。
ちょっと元気が出てきたら、無理をしてでも笑いましょう。

24

## 糧

人生に失敗はありません。スピリチュアルな視点では、
失敗をも含めた経験と感動が成長の糧になります。
失敗したときの悔しい思いが強烈であればあるほど、
たましいに深く刻まれ、次の成功のための智恵となるのです。

25

# 心

心の傷を癒すのは、
人との関わりをおいて他にないのです。
誰かを愛し、心を通わせることが、
なんといっても一番のヒーリングなのです。

26

## 孤高

人は、好きな相手、尊敬する相手、親密な相手には
つい迎合したり、相手を優先させたくなるのかもしれません。
しかし、それが行き過ぎると、間違った依存心まで持ってしまうのです。
そのうち自分の人生の主人公が自分でなくなり、
相手に振り回され、傷つくことにもなりかねません。
人とどんなに仲良くなっても、孤独に強いあなたでいてください。
「この人がいなくなったらどうしよう」と思う相手がいるなら、
あなたはその人に依存していると自覚しておくこと。
人生の主人公は自分。いい意味で「自分主義」で生きましょう。

# 27

## 時空を超えて

過去に誰かを傷つけて悔いているなら、
「もう遅い」と諦めてはいけません。
いまからでも、心から相手に謝罪することが大切です。
勇気がいることかもしれませんが、
相手に会って謝ることが一番です。
後悔の念を抱え続けることに比べれば、
一瞬の勇気などなんということはないはずです。
あなたの真剣な念は、時空を超えて、
必ず相手のたましいに届きます。

28

## 成就

口は、エナジーの交流の源です。
他者と一緒に口を使うことはすべて同じ。
心を通わせるために、会話も会食もあるのです。
人との関わりが苦手な人は、人間不信が原因です。
その多くは、家族間の問題です。
まずは、家族との心の交流に努め、
一緒に食事をすることができるまでになることです。
家族と本音で話し合えることができる人は、
他者との交流も苦にはならないのです。
どうしても家族との交流が難しい人は、
家族同然に思えるような、あなたに一番近い人から、
和合を試みましょう。

大丈夫。
あなたに「克服したい」という熱意があるなら、
必ず乗り越えられます。

構成＝やしまみき
イラストレーション＝日江井 香
写真＝小川朋央
ブックデザイン＝岡 睦（mocha design）

編集協力＝小針佑太（食養生断食指導）

## 読むごはん（ナンバー表）

| | | | | |
|---|---|---|---|---|
| 1 | 24 | 7 | 16 | 5 |
| 13 | 11 | ★ | 22 | 26 |
| 2 | 27 | 8 | 3 | 18 |
| 19 | ★ | 25 | 12 | 28 |
| 21 | 10 | 15 | 20 | 9 |
| 6 | 17 | 4 | 23 | 14 |

使い方は158ページを参照。★印を指した場合は、1～28から好きな数字を2つ選んで、該当するページの「読むごはん」を読みましょう。

## 江原啓之（えはら・ひろゆき）

スピリチュアリスト、オペラ歌手。一般財団法人日本スピリチュアリズム協会代表理事。吉備国際大学、九州保健福祉大学客員教授。1989年にスピリチュアリズム研究所を設立。著書に『スピリチュアル プチお祓いブック』『人生を変える7つの秘儀』（ともにマガジンハウス）、『あなたが危ない！』（集英社）、『江原さん、こんなしんどい世の中で生きていくにはどうしたらいいですか？』（祥伝社）、『開運健康術』『ペットの気持ちがわかるスピリチュアル・コミュニケーション』（中央公論新社）などのほか、共著に『たましいを癒す　お祓いフィトセラピー』（マガジンハウス）がある。

スピリチュアル
# お祓《はら》いごはん　成就《じょうじゅ》ごはん

2020年6月25日　第1刷発行

著　者　江原啓之
発行者　鉄尾周一
発行所　株式会社マガジンハウス
〒104-8003　東京都中央区銀座3-13-10
書籍編集部　☎03-3545-7030
受注センター　☎049-275-1811
印刷・製本所　大日本印刷株式会社



マガジンハウスのホームページ http://magazineworld.jp/


ISBN978-4-8387-3098-8 C0095